LOS DERECHOS DEL HOMBRE

Madrid
6-I-78
Jesús González Velasco

JOSE CASTAN TOBEÑAS

Catedrático y académico

Ex-Presidente del Tribunal Supremo

LOS DERECHOS DEL HOMBRE

SEGUNDA EDICION

Prólogo de

LUIS LEGAZ Y LACAMBRA

Catedrático y académico

REUS, S. A.

MADRID

1 9 7 6

INSTITUTO EDITORIAL REUS, S. A.
Preciados, 23 - Madrid, 1976
Depósito Legal: M. 13.902 - 1976.
I. S. B. N. 84 - 290 - 1244 - 3.
Impreso por Gráficas CALVO
Pajaritos, 19
MADRID - 7

PROLOGO DE LA SEGUNDA EDICION

La amplia y fecunda actividad intelectual de D. José Castán Tobeñas se desarrolló a lo largo de más de cincuenta años y su culminación fue precisamente este magnífico estudio sobre Los derechos del hombre, *última de sus publicaciones, aparecida en el mismo año de su muerte. Considero inútil señalar lo que la obra de Castán ha significado en y para la ciencia jurídica española, de la que ha constituido una de las figuras más preclaras y señeras: ello es obvio y consabido y todo el mundo admite sin discusión que no sólo ha sido uno de los máximos civilistas españoles sino un científico del Derecho del más alto rango e incluso un auténtico filósofo del Derecho en el que, como dice Hernández Gil, hay un pensamiento con un cierto unitarismo de base y con un claro pluralismo orientador, atraído por la simetría y las correlaciones, en el que juegan dialécticamente parejas de conceptos y problemas tales como los de naturaleza e historia, tradición y progreso, personalismo y comunitarismo, derecho natural y positivo, derecho y justicia, justicia y equidad, libertad y autoridad, norma, valor y realidad social, unidad del orden normativo con diferenciación de los preceptos morales y jurídicos, teoría y práctica, filosofía, sociología y ciencia del derecho, etc.*

Para mí es un honor que D. José M.ª Castán Vázquez haya puesto especial empeño en que fuesen mías unas líneas de pró-

logo a la segunda edición de esta obra de su ilustre padre. No es sólo la amistad personal que con él me une lo que me obliga a aceptar tan amable y honrosa invitación; es también el recuerdo afectuoso que conservo de aquel hombre sabio y bueno, que citó profusamente mis escritos, porque siempre practicó, con humildad, la caridad intelectual de expresar sus propios puntos de vista adhiriendo a lo dicho por cualquier otro cuya opinión le pareciese digna de ser mencionada, por modesta que fuese. Quiero recordar, como anécdota, que una vez, hace ya muchos años, encontrándome yo accidentalmente en Madrid, vi anunciada una conferencia de D. José Castán en la Academia de Jurisprudencia y Legislación. Creo que versaba sobre los derechos subjetivos. «De seguro que me nombrará», pensé para mí. Fui a la conferencia, pero llegué un poco tarde. En el momento de entrar en la sala, las palabras que estaba pronunciando el conferenciante eran exactamente estas: «pero el ilustrado Rector de la Universidad de Santiago parece olvidar...»: me estaba, pues, dirigiendo, suaviter in modo et in re, *una pequeña crítica, unas ligeras observaciones a algo que yo había escrito sobre el tema; pero esa crítica, por emanar de él, me enorgullecía, porque hacía de mi opinión algo digno de su atención, aunque en ese punto concreto su criterio —por supuesto, más autorizado— apareciese como levemente discrepante del mío.*

***

El autor declara que en esta obra aspira sólo a presentar por vía de síntesis un esquema filosófico, dogmático-jurídico e histórico-político de la compleja gama de los derechos humanos, a modo de introducción a un más cabal estudio, que ya no pudo llevar a cabo porque la muerte, que no le alcanzó joven, cortó esa incesante aspiración de saber que siempre le caracterizó y que responde a la idea que Goethe se hacía del estudiante: wer immer strebend sich bemüht, *el que realiza un esfuerzo incesante: y el esfuerzo del estudio incesante hizo de Castán, en el mejor sentido de la palabra, un eterno estudiante.*

En todo caso, la síntesis que el autor lleva a cabo en esta obra es magnífica y el esquema puede considerarse exhaustivo. Como corresponde a su formación de jurista integral, el tema de los derechos del hombre queda incardinado en Castán en el ámbito de la filosofía del Derecho y en una concepción claramente iusnaturalista, de signo personalista y humanista, en el sentido del humanismo cristiano fundado en la consideración de la naturaleza humana, entendida en su realidad plena; y así, al ser integral y armónico, este humanismo busca el desarrollo del hombre en todas sus dimensiones y, por consiguiente, también en las espirituales y, dentro de ellas, en la conexión con Dios; y al ser también un humanismo social, acierta a conjugar las ideas de personalidad y comunidad.

Aquí tiene su entronque el reconocimiento de la libertad y el del valor del hombre y de la dignidad humana, y la exigencia de una igualdad de todos ante la ley, con reconocimiento de los mismos derechos fundamentales civiles y políticos y la igualdad de la responsabilidad y en la toma de decisiones en la administración de la comunidad, con supresión de privilegios arbitrarios y el establecimiento de condiciones favorables para que no se cierren a nadie las vías de acceso a las funciones directivas y a las culturales.

Para mí es indiscutible que los derechos humanos son derechos naturales y que en la existencia de estos consiste la realidad del Derecho natural. En este sentido, podría decirse que nuestra época, de universal aceptación de los derechos humanos, es la época de máxima realización de los postulados iusnaturalistas (que, ciertamente, son también objeto de toda suerte de desconocimientos y violaciones, pero se sabe *que se los desconoce y se los viola, lo cual ya es un modo de reconocer su existencia). Sin embargo, también es verdad que la filosofía hoy dominante no es la del iusnaturalismo y se da la paradoja de que la universalización de la creencia en los derechos humanos va acompañada de una creciente relativización, en la filosofía de los que los propugnan, de las razones que justificarían esa extensión. En todo caso, parece que hay un* consensus *en los postulados básicos o en las consecuencias inmediatas del iusnatura-*

lismo, desde todas las filosofías existentes; es decir, se cree universalmente que deben ser reconocidos y protegidos los derechos humanos, aunque no se comparte con la misma unanimidad ningún sistema filosófico que los fundamente. O, lo que es lo mismo, no hay ninguna doctrina iusnaturalista, ningún sistema filosófico de Derecho natural que sea universalmente aceptado; pero se da una aceptación práctica de la realidad a la que intencionalmente se refieren aquellas doctrinas, es decir, la esfera de la libertad y la dignidad de las personas, cristalizada en derechos humanos, derechos naturales que se positivizan y se institucionalizan técnicamente por los ordenamientos positivos. Esto, ciertamente, es lo que en definitiva importa y lo que a su vez puede convertirse en motivo de desinterés hacia las fundamentaciones iusnaturalistas, que pueden quedar en el marco de las declamaciones retóricas, exentas de operatividad y funcionalidad sobre la sociedad. Acaso en España hemos experimentado una inflación iusnaturalista, que, sociológicamente, ha servido para legitimar una legislación que ha recortado con exceso los derechos de la persona proclamados en otras normas y declaraciones programáticas, y en definitiva se ha favorecido así un positivismo legalista que ha sido la expresión de la mentalidad jurídica realmente dominante en los sectores más oficializados del país.

Frente a esto, se percibe claramente un desvío del iusnaturalismo, pero también la radicalización del mismo, en oposición a las posturas conservadoras y conformistas que tan frecuentemente han sido sus inseparables compañeras de viaje. D. José Castán emite su juicio favorable a la Declaración Universal de derechos humanos, estimando que es muy certera, en el fondo, su fundamentación filosófica, porque responde a ideales de justicia y paz e incluso, implícitamente, «a incitaciones de un latente y por ahora nunca extinguido iusnaturalismo», y lo que considera criticable es su vinculación a una determinada y rígida ideología política, que dificulta su aceptación universal y su eficacia práctica. Tampoco le parece aceptable la profusión con que se enumeran los derechos, los cuales, como decía Pérez Serrano, antes eran unos pocos, pero esenciales, seleccio-

nados y de rango primario: ahora son muchos, aglomerados en tropel, sin seria discriminación de calidades, no pocas veces sin relieve sustancial y perdurable. Lo cierto, dice, es que no favorece nada al respeto que merecen los derechos humanos una excesiva ampliación de su concepto que lo haga completamente impreciso, separánndolo de la noción tradicional, tan jurídica, de los que se llamaban derechos naturales.

Bien es verdad, diría yo, que aquí se presenta una manifestación de lo que es el Derecho natural como normatividad concreta. Es ciertamente un riesgo de todo iusnaturalismo elevar lo contingente a norma de valor permanente y universal: pues sólo puede tener este carácter aquello que realmente puede permanecer a través y más allá de cualquier contingencia. Pero eso, en cierto modo, *tendrá siempre una dimensión formal. Por ejemplo, puede formularse como un precepto iusnaturalista —de la «ley natural» diría yo— de carácter permanente y universal que la persona humana debe poder vivir siempre en condiciones que respondan a las exigencias de la dignidad que como tal persona posee. Este principio no es radicalmente formal —no es la expresión de un «vacío formalismo»— porque afirma un valor muy concreto, que es el de la dignidad del hombre; pero es de algún modo formal en el sentido de que las exigencias de la dignidad del hombre se patentizan históricamente, con el cambio de las situaciones culturales, políticas y socieconómicas y con el despliegue de la conciencia iusnaturalista. Entonces, si preceptos como el citado son el contenido de lo que podría llamarse una «ley natural» eterna e inmutable, con eso sólo no se dice demasiado, aunque se diga lo «fundamental»; pero ese marco ha de integrarse con la normatividad concreta de un sistema iusnaturalista, para expresar el contenido concreto, a la vista de cada situación real histórica, de lo que son las exigencias de la dignidad del hombre. Y es evidente que los derechos humanos así formulados pueden aún ser considerados «derechos naturales», pero en función de la naturaleza histórica del hombre, y que el sistema iusnaturalista a que responde esa formulación está transido de historicidad y, por lo mismo, no parece adecuado asignarle una universalidad que no responde a la variedad de situaciones humano sociales que se dan incluso en un mismo momento de la historia.*

Especial atención dedica D. José Castán al estudio de la génesis histórica de las declaraciones de derechos, particularmente en los reinos de León y Castilla y en la constitución política de Aragón y al de las garantías jurisdicionales y de orden procesal de los derechos del hombre en el Derecho comparado y en el ordenamiento jurídico español, inclinándose a favor de que la tutela de los derechos enumerados en la Declaración universal sea ejercida, en todos los niveles nacionales e internacionales, por el poder judicial, no sujeto a presiones de orden político y ajeno a todo patrocinio de fuerzas políticas. Así lo propugna también para España. Su opinión, cauta y prudentemente expresada, es sin embargo inequívoca: «no es claro en nuestro ordenamiento jurídico que la jurisdicción ordinaria no tenga misión alguna que cumplir en la esfera de interpretación y aplicación de las leyes que está a su cargo, con relación a la observancia de las normas fundamentales que garantizan el libre ejercicio de los derechos fundamentales tanto personales como políticos y sociales", pero todavía queda un "cierto espacio por cubrir" y la protección de los derechos proclamados en el Fuero de los Españoles "no ha alcanzado todavía sus últimas expresiones", como dice con palabras del Fiscal del Tribunal Supremo en la Memoria elevada al Gobierno en el año 1967.

Es de esperar que ese espacio se cubra desde ahora con menos pausa y algo más de prisa que las que han sido usuales. Pero importa, además, adecuar la legislación ordinaria a las normas fundamentales, lo que implica una importante labor de revisión, que ya parece iniciarse y cuya necesidad es generalmente reconocida. Llevarla a cabo es además una exigencia de coherencia por parte de un sistema que, al poner como una de sus bases una afirmación iusnaturalista cual la del respeto a la libertad y los valores de la persona, precisa que su legislación —que es, tanto como creación normativa, interpretación y aplicación de las normas constitucionales, como puso de relieve la doctrina de Kelsen— no signifique una restricción que prácti-

camente sea una negación de lo teóricamente afirmado, transmutando en cicatera concesión positivista lo que en principio se afirmó como postulado iusnaturalista.

Con lo que no queremos decir, naturalmente, que esos derechos carezcan, en todos sus niveles, de alguna posibilidad de regulación y aún limitación, ni que la idea de los derechos no deba a su vez ser completada con la de los deberes del hombre, y ello no sólo en el sentido genéricamente socializante que hoy suele destacarse, sino en el de reacción contra un "clima" en el que se desenvuelve la vida de la persona que, al pensar sobre todo en sus derechos, está contribuyendo a crear un ambiente de agresividad, irrespetuosidad y desamor entre las gentes. Pero esto es cuestión distinta, que no afecta a la necesaria promoción y garantía de los derechos que les competen. Así lo creía también D. José Castán, cuya obra termina con unas nobles palabras que darán asimismo fin a este prólogo: "Es obligada y puede ser eficiente, la aportaciónn de España a la tarea mundial de reafirmación de los derechos, unida a la de los valores humanos. Alejada de las tensiones y luchas internacionales y constantemente inclinada a cooperar en toda obra de paz, de cultura y de justicia, ha de asociarse con entusiasmo a la defensa de los derechos del hombre. Apto, tal vez, el genio español para la realización de las grandes síntesis —el individualismo y el universalismo, el realismo y el idealismo— hemos de hacer votos porque pueda ahora ofrecer al mundo el ejemplo de un desarrollo material, social y económico (necesario hoy no sólo para procurar el bienestar colectivo, sino también para promover y establecer la justicia social), presidido —ello es fundamental— por un sentido plenamente humano de la vida, por esa primacía de los valores del espíritu sobre los meramente materiales y utilitarios que constituye el fundamento y el esencial legado de la civilización occidental y cristiana».

Luis LEGAZ Y LACAMBRA

PREAMBULO

MOTIVOS Y PROPOSITOS DE ESTE ENSAYO

Los problemas de la personalidad humana y de los derechos del hombre constituyen temas de perenne y cada vez más creciente actualidad. La literatura acerca de ellos es inmensa (1) y ha sido objeto de nuevas aportaciones durante este año de 1968 en que, por acuerdo de las Naciones Unidas, se conmemora el vigésimo aniversario de la «Declaración Universal de Derechos del Hombre».

El reconocimiento de los derechos humanos tiene en nuestra patria una tradición muy gloriosa. Pero quizá los juristas españoles han dedicado, en nuestra época, escasa atención a los mismos, seguramente por la complejidad que ofrece su

---

(1) Puede verse una relación seleccionada de la amplísima bibliografía y documentación relativa a los derechos humanos, en el artículo de BATTAGLIA sobre **Declaraciones de derechos,** publicado en la **Enciclopedia del Diritto,** vol. XII (Milano, 1963) y reproducido en lengua castellana en el vol. **Estudios de Teoría del Estado,** Madrid, 1966, páginas 195-197. Será también provechosa la utilización de la extensa bibliografía que nos presenta Pablo LUCAS VERDU, en su artículo **Derechos individuales,** inserto en la **Nueva Enciclopedia Jurídica,** Barcelona, Seix, t. VII, año 1955, págs. 54 y sig. Cabe consultar, además, la bibliografía sobre derechos humanos que se recoge en la **Revista de la Comisión Internacional de Juristas,** de Ginebra, edición especial 1968, 2.ª parte, págs. 169-172, y la que se inserta dentro del libro **Los derechos humanos,** en el estudio preliminar redactado por Antonio TRUYOL. Madrid, Editorial Tecnos, 1968, páginas 58 y siguiente.

teoría global, al hundir sus raíces en la Filosofía del Derecho y extender sus ramas por los campos más variados de la Historia política y el Derecho constitucional, del Derecho internacional, del Derecho penal, del civil, no menos que del social o laboral.

Pues bien: al llegar el momento de la actual conmemoración, no podía España desentenderse de ella y se ha unido a los demás países en la celebración de este Año Internacional (1), el cual, por desgraciada coincidencia, ha resultado para el mundo un tanto angustioso en el plano de la convivencia jurídica de los hombres y de los pueblos. La Comisión de Derechos humanos, constituída oficialmente en nuestro Ministerio de Justicia, y también la iniciativa privada, han respondido al llamamiento de las Naciones Unidas en pro del ideal común de un reconocimiento y aplicación de las libertades y derechos humanos a través de medidas progresivas de orden nacional e internacional. Son ya valiosos los estudios publicados en nuestra patria durante el año actual (2) y se preparan otros que aparecerán en el próximo 1969.

El tema de los derechos del hombre está lleno de arduos interrogantes. ¿Qué son estos derechos? ¿Qué relación tienen con figuras jurídicas afines? ¿Cuáles son su estructura y sus caracteres? ¿Cuál ha sido en las distintas épocas y cuál puede ser en la actualidad su fundamentación filosófica? ¿Qué

---

(1) Véase CABANAS (Marcelino), **El Año Internacional de los Derechos humanos. Presentación,** en la revista **Información Jurídica,** número de enero-marzo, 1968, págs. 5 y sigs.

(2) Pueden verse, entre otros trabajos: ARANGUREN (J. L. L.) y otros, **Los derechos humanos,** 4.ª ed., Madrid, Cuadernos Ciencia Nueva, 1968; ZANNONI (Eduardo Antonio), **En el año de los derechos humanos** (sep. de la **Revista General de Legislación y Jurisprudencia**), Madrid, Reus, 1968; COVARRUBIAS MAURA (Gabriel), **La Declaración de los deerchos humanos y el Derecho positivo español,** en la revista **Información Jurídica,** del Ministerio de Justicia, abril-junio de 1968; GONZALEZ BOTELLA (Pedro), **Garantías de aplicación efectiva de los derechos del hombre,** en la misma revista y número; TRUYOL Y SERRA (Antonio), «Estudio preliminar» en el vol. **Los derechos humanos,** Madrid, Tecnos, 1968; RUIZ-GIMENEZ (Joaquín), **El Concilio y los derechos del hombre,** Madrid, **Cuadernos para el Diálogo,** 1968, y **El derecho a la intimidad,** en el periódico **Ya,** 14 de enero de 1969; SANCHEZ DE LA TORRE (Angel), **Teoría y experiencia de los derechos humanos,** Madrid, Del Toro, ed. 1968. Con posterioridad a la 1.ª ed.

origen tienen y qué evolución han seguido las Declaraciones de los derechos humanos? ¿Cuáles son, en la actualidad, los derechos fundamentales reconocidos? ¿Qué garantías políticas y jurisdiccionales pueden acompañar a estos derechos? ¿Cuál es la realidad y efectividad actual de los derechos humanos en relación con el problema general de la crisis del mundo? ¿Hay soluciones adecuadas? ¿Existen, en los graves momentos presentes, perspectivas esperanzadoras de superación de esa crisis? ¿Qué reformas legislativas son hoy, en el ordenamiento patrio, necesarias o aconsejables?

No tenemos ahora posibilidad de sumergirnos en el piélago de tan complejas cuestiones. Pero hemos tenido ocasión de abordar, más o menos superficialmente, algunas de ellas en la Real Academia de Jurisprudencia y Legislación, al llevar la voz de la Corporación en la inauguración oficial del actual curso 1968-69 (1), y nos sentimos ahora obligados a ofrecer el mismo estudio, aunque revisado, ampliado y en lo posible completado.

Nuestro modesto trabajo no pretende llevar a cabo el examen analítico y específico de los diversos derechos humanos. La aspiración nuestra es tan sólo presentar, por vía de síntesis, un esquema filosófico, dogmático-jurídico e histórico-político de esta compleja gama de derechos, a modo de introducción a un más cabal estudio, que no sé si alguna vez podré acometer, comprensivo de la extensa problemática de los derechos fundamentales humanos.

---

de este libro, pueden verse, entre otros estudios: VARELA (Jacobo), **La protección de los derechos humanos,** Ed. Hispano Europea, Barcelona, 1972; PECES-BARBA (Gregorio): **Textos básicos sobre derechos humanos** (con la colaboración de Hierro Sánchez-Pescador), Universidad Complutense, Madrid, 1973; PECES-BARBA (Gregorio): **Derechos fundamentales. I. Teoría general,** Guadiana de Publicaciones, Madrid-Barcelona, 1973; SANCHEZ DE LA TORRE (Angel), **Orden jurídico y derechos humanos,** en **Revista General de Legislación y Jurisprudencia,** noviembre 1975, págs. 411 y sigs.

(1) **Los derechos del hombre (Su fundamentación filosófica y sus declaraciones políticas),** Madrid, Real Academia de Jurisprudencia y Legislación, 1968.

I

CONCEPTO Y RASGOS DE LOS DERECHOS FUNDAMENTALES HUMANOS

1. **Terminología**

Los términos jurídicos son casi siempre imprecisos y susceptibles de acepciones variadas. Ello es una de las principales causas de las controversias doctrinales y de las confusiones que enmarañan siempre la ciencia del Derecho.

La frase «derechos del hombre», en sí, es muy poco significativa y lleva consigo una redundancia. Todos los derechos son humanos. Sin embargo, se la ha empleado hace algún tiempo y se la sigue empleando hoy con un sentido específico, en relación con determinados derechos. Podría decirse que hay un grupo de derechos, diferenciados de los demás y que son humanos por antonomasia. Lo que pasa es que, según las épocas, han sido diversos los derechos aludidos y también sus denominaciones.

Se les ha llamado:

a) **Derechos naturales,** expresión no desacertada, ya que los derechos de que se trata tienen su fundamento en la misma naturaleza humana.

b) **Derechos innatos u originarios,** calificativos que se usaron para contraponerlos a los derechos **adquiridos o deriva-**

2

tivos, queriendo significar que los primeros nacen con el hombre, sin requerir ninguna otra condición, mientras que los segundos, para existir concretamente, han menester de un hecho positivo. Ha sido, empero, muy discutida esta terminología (1) y hoy se la emplea poco.

c) **Derechos individuales.**—Fue esta expresión muy frecuente en épocas en que la filosofía y las ideologías políticas estaban impregnadas de individualismo; pero tiene un sentido demasiado estrecho, más limitado que el de los antiguos derechos naturales y el de los que hoy llamamos derechos del hombre. Como el hombre es un ser sociable por naturaleza, todos los derechos, en realidad, son sociales a la vez que individuales. Como muy bien dice Pablo LUCAS VERDU, «la expresión derechos individuales es poco correcta no sólo porque la sociabilidad es una dimensión intrínseca del hombre, como lo es la racionalidad, sino, a mayor abundamiento, en la época actual, transida de exigencias sociales» (2).

d) **Derechos del hombre y del ciudadano.**—Tiene esta nomenclatura un significado histórico y, muy análogamente, individualista. Corresponde a una época en la que se consideraban en peligro y necesitados de defensa los derechos del hombre considerado individualmente y como ciudadano, frente al poder del Estado. Lo cierto es que, como escribe GOLDSCHMIDT, «la distinción entre hombre y ciudadano radica en la creencia en el pacto social: el individuo se convierte a través del pacto social de hombre en ciudadano, correspondiéndole derechos en cada una de ambas funciones. Descartando este credo, procede estatuir sencillamente los derechos del hombre» (3).

e) **Derechos del hombre, del ciudadano y del trabajador.**—La clásica denominación de derechos del hombre y del

---

(1) La defiende, oponiéndose, a través de muchas razones, a las opiniones que se han mostrado contrarias a la existencia de los derechos innatos, el clásico tratadista José PRISCO: **Filosofía del Derecho fundada en la Etica,** 2.ª ed., trad. de J. R. Hinojosa, Madrid, 1886, páginas 218 y sigs.

(2) **Derechos individuales,** en la **Nueva Enciclopedia Jurídica,** Barcelona, Seix, t. VII, pág. 38.

(3) **Introducción al Derecho,** 3.ª ed., Buenos Aires, Ediciones Depalma, 1967, núm. 480, pág. 417.

ciudadano es ampliada hoy por un ilustre profesor y rector de la Universidad de Bolonia, Felice BATTAGLIA, quien, fijándose en la importancia que en los tiempos actuales han adquirido los derechos sociales de los trabajadores, da a los derechos humanos la calificación, más diversificada y puesta al día, de **derechos fundamentales del hombre, del ciudadano y del trabajador** (1).

f) **Derechos fundamentales o derechos esenciales del hombre.**—Estas denominaciones, simples y genéricas (que prescinden de la distinción —un poco arbitraria e innecesaria— entre hombres, ciudadanos y trabajadores) nos parecen suficientes y muy expresivas. Los derechos humanos, en efecto, considerados, en su significación más propia, como elementos de un complejo jurídico, son, a la vez, **fundamentales** por cuanto sirven de fundamento a otros más particulares, derivados o subordinados a ellos, y **esenciales** en cuanto son derechos permanentes e invariables, inherentes al hombre, a todos los hombres como tales.

La denominación de **derechos fundamentales del hombre** tiene hoy un cierto carácter oficial, toda vez que está utilizada en la **Carta de las Naciones Unidas** del 26 de junio de 1945, preámbulo y artículo 1.º, núm. 3, así como en posteriores documentaciones mundiales.

Sin embargo, al ampliarse el cuadro de los derechos humanos, incluyendo entre ellos los que se llaman sociales, económicos y culturales, parece, a veces, limitarse el sentido de la expresión **derechos fundamentales**, aplicándolo sólo a los clásicos derechos civiles y políticos.

g) **Libertades fundamentales.**—En las alusiones a los derechos humanos hechas en las Cartas Constitucionales, en los documentos de las Naciones Unidas y en la doctrina política van con frecuencia enlazados tales derechos con las que se han llamado libertades cívicas, hablándose de las **libertades**

---

(1) **Los derechos fundamentales del hombre, del ciudadano y del trabajador (Esencia, evolución, perspectivas futuras)**, en el vol. **Estudios de Teoría del Estado.** Publicaciones del Real Colegio de España en Bolonia, Madrid, 1966, págs. 157 y sigs.

fundamentales del hombre o de los **derechos humanos y libertades fundamentales.**

¿Son conceptos sinónimos los de derechos fundamentales humanos y libertades fundamentales? No hay ciertamente una separación neta entre aquéllos y éstas. Pero, en la actualidad, el término **libertades** parece aplicarse a una sola de las especies de los derechos humanos, la constituída por las libertades individuales, o sea por los clásicos derechos civiles y políticos, que se contrapone a la nueva categoría de los derechos sociales, económicos y culturales.

2. Noción de los derechos fundamentales del hombre

Puede hablarse de los derechos fundamentales del hombre en un sentido teórico, de fondo, o en un sentido de positiva vigencia.

A. **Noción teórica.**—Dos matices cabe diferenciar en la consideración doctrinal de los derechos fundamentales.

Algunos escritores definen los derechos humanos, en un sentido pretendidamente axiológico pero neutro, sin claro apoyo en fundamentación ninguna inspirada en la tradición iusnaturalista. Así, el delegado de Estados Unidos ante la Comisión de Derechos Humanos de las Naciones Unidas, Morris B. ABRAM, dice que «se llaman derechos humanos aquellos derechos fundamentales a los que todo hombre debería tener acceso, en virtud puramente de su calidad de ser humano y que, por lo tanto, toda sociedad que pretenda ser una sociedad auténticamente humana debe garantizar a sus miembros» (1). Pero es más general la conceptuación de los derechos humanos, de manera más ostensible, como los derechos naturales de las antiguas concepciones, estimándolos como derechos que tienen su razón de ser en la propia naturaleza del hombre.

---

(1) **La libertad de pensamiento, conciencia y religión,** en **Revista de la Comisión Internacional de Juristas,** edición especial, 1968, 1.ª parte (diciembre 1967), pág. 46.

Uno de los más destacados iusnaturalistas actuales, el Profesor de Viena, Johannes MESSNER, considera como derechos del hombre a los que tienen su fundamento en la misma naturaleza humana y sirven de base, a su vez, a los que integran la esfera de libertad social. Con acierto señala este escritor que sus principios pertenecen, en parte, al Derecho natural primario y, en parte, al Derecho natural aplicado (1).

En nuestra doctrina, el Profesor de Derecho político Luis SANCHEZ AGESTA, con esta misma última orientación y sin proponerse formular una verdadera definición, considera a los derechos de la persona humana como el núcleo esencial e inviolable de derechos, derivados de la misma naturaleza del hombre, que nadie ni nada debe cohibir y que el Estado debe ayudar, prestando las condiciones necesarias para su realización (2). Y el profesor Angel SANCHEZ DE LA TORRE, con orientación igualmente iusnaturalista, pero poniendo el acento en las ideas, tan actuales, del **valor** y la **dignidad** del ser humano, después de decirnos que «los derechos humanos son facultades jurídicamente lícitas, cuyo ámbito ha de ser respetado con estricta obligatoriedad por los poderes socialmente organizados y por las actividades individuales de los sujetos humanos», complementa la configuración filosófico-jurídica de tales derechos, añadiendo que «los derechos humanos indican aquel mínimo indispensable de libertades sin las cuales no podríamos atribuir una específica dignidad social a nadie» (3).

Podríamos, en suma y en esta misma línea iusfilosófica, definir los llamados derechos del hombre como aquellos derechos fundamentales de la persona humana —considerada tanto en su aspecto individual como comunitario— que corresponden a ésta por razón de su propia naturaleza (de esen-

---

(1) V. MESSNER: **Etica social, política y económica a la luz del Derecho natural** (título original: **Des Naturrecht**), versión de Barrios de Sevilla (J. L.), Rodríguez Paniagua (J. M.ª) y Díez (J. E.), Madrid, Rialp, 1967, pág. 508, passim.

(2) **Lecciones de Derecho político**, 6.ª ed., Granada, 1959, págs. 554 y siguiente.

(3) **Teoría y experiencia de los derechos humanos**, Madrid, 1968, páginas 24 y siguiente.

cia, a un mismo tiempo, corpórea, espiritual y social), y que deben ser reconocidos y respetados por todo Poder o autoridad y toda norma jurídica positiva, cediendo, no obstante, en su ejercicio ante las exigencias del bien común.

B. **Noción positiva o legal.**—En este sentido, los derechos fundamentales humanos son los reconocidos como tales a través de un determinado ordenamiento jurídico estimado en su totalidad normativa. Como ha dicho el Profesor DEL VECCHIO, «la declaración de los derechos fundamentales, en ningún caso puede ser considerada con separación de toda la constitución jurídica del Estado. Su real eficacia depende de la correspondencia y complemento que encuentre no sólo en las leyes de orden público, sino también en las civiles. No es el consignar una relación preliminar de los derechos del ciudadano lo que caracteriza al moderno Estado jurídico y garantiza la libertad de cada uno, ni está, por lo tanto, en eso el esencial significado de la Declaración de los derechos. Esta solamente indica una idea informadora que debe ser realizada por todo el orden jurídico y, por consiguiente, debe entrar en cada una de su partes» (1).

No obstante, en la doctrina política se da a los derechos del hombre un ámbito legal más limitado. Los derechos humanos fundamentales vienen a ser, de un modo especial, los constitucionalmente enunciados como tales, o lo que es igual, los dotados de las amplias garantías que ofrecen los textos constitucionales, aunque puedan no tener cabal desarrollo en el ordenamiento legislativo ordinario. Se llaman, así, derechos del hombre a los regulados como tales en las Constituciones políticas de los Estados, y ahora también, en el plano internacional y en la cúspide del Derecho mundial, por los organismos internacionales, especialmente la Organización de las Naciones Unidas.

---

(1) DEL VECCHIO: **La Declaración de los derechos del hombre y del ciudadano en la Revolución francesa**, en el vol. **Persona, Estado y Derecho**, Madrid, Instituto de Estudios Políticos, 1957, pág. 168.

3. Estructura de los derechos humanos

Ha variado mucho, en la concepción actual y con respecto a la que imperaba en siglos anteriores al nuestro, la estructura de los llamados derechos del hombre.

En las viejas concepciones, los derechos humanos implicaban una sencilla relación entre la persona individual (hombre o ciudadano) que ostentaba el derecho, y el Estado que había de respetarlo.

En el enfoque de hoy, la relación es más complicada. La doctrina actual, e incluso también, en el orden positivo y constitucional, las llamadas **Declaraciones de derechos** combinan con la idea de los derechos individuales del hombre, la de los derechos de los grupos comunitarios, o sea los de la Sociedad concebida corporativamente. Sujeto de los derechos humanos no sólo es el hombre, individualmente considerado, sino en general la persona, individual o agrupada. La protección de los derechos humanos se extiende a las comunidades jurídicas (familia, corporaciones, entidades políticas estatales o de sentido universal) y, además, a los grupos minoritarios (grupos nacionales, étnicos, religiosos, etcétera, dentro de un Estado, y Estados débiles, subdesarrollados, etc., dentro de la Comunidad internacional).

En suma, los derechos del hombre, que fueron **derechos subjetivos de autodeterminación del individuo,** son ahora también **derechos de autodeterminación de los entes colectivos,** e incluso se habla, en un sentido amplísimo —que puede suscitar no pocas dudas (1)—, de **derechos de autodeterminación de los pueblos.**

De una manera indirecta, sin embargo, el sujeto de los derechos humanos sigue siendo siempre el hombre. En definitiva, los derechos de los grupos, de las naciones, de la humanidad misma, son también derechos del hombre. El individuo es el sujeto beneficiario de todos los derechos y de to-

(1) Véanse las indicaciones de Giorgio DEL VECCHIO: **Sul «diritto di autodeterminazione» delle Nazioni, en Nuova silloge di temi giuridici e filosofici,** Torino, Giappichelli, 1967, págs. 149 y sigs.

dos los órdenes del Derecho, incluso del Derecho de gentes.

En cuanto al otro sujeto de la relación, el que debe respetar los derechos del hombre, sigue siendo, hoy como ayer, el Estado, titular del Poder y custodio del orden jurídico. Es este orden jurídico, a través del Estado y sus autoridades, el que debe acatar y proteger los derechos humanos, individuales y comunitarios. Pero es de advertir:

1.º Que esta protección del Estado a los derechos humanos se traduce en deberes por parte del propio Estado, que ha de dictar las normas jurídicas pertinentes, y deberes por parte de los individuos, que han de observarlas. Como indica Werner GOLDSCHMIDT, los derechos fundamentales, aun correspondiendo en principio al individuo contra el Régimen, «tienen cierta ambivalencia y pueden repercutir sobre las relaciones entre individuos. Así pueden invocar, verbigracia, los individuos entre sí la libertad de conciencia si en el marco de un contrato laboral se les exigiere algo que la conculcase» (1).

2.º Que en la concepción actual, la defensa de los derechos humanos está encomendada no sólo a los Estados, en concepto de organizaciones políticas soberanas y comunidades jurídicas por excelencia, sino también a determinadas entidades internacionales que, aun no reuniendo los caracteres de una perfecta sociedad internacional, aspiran, a través de medios directos, como el pacto o simplemente la recomendación, a promover la defensa de los derechos de los hombres y de los pueblos. Las más recientes Declaraciones de derechos, según hemos de ver más adelante, marcan un tránsito de la protección **constitucional** de los derechos fundamentales del hombre a su protección **internacional**, siquiera esta última sea todavía muy imperfecta.

4. Caracteres de los derechos fundamentales del hombre

A. **Apreciaciones doctrinales.**—Los clásicos iusnaturalistas suelen atribuir a los derechos fundamentales del hombre los

(1) **Introducción al Derecho,** 3.ª ed. cit., pág. 417.

caracteres de inviolabilidad, inalienabilidad e imprescriptibilidad. Todos los derechos innatos —sostiene PRISCO— son en sí inalienables porque están necesariamente enlazados con la existencia del hombre y con su fin; aunque hace notar que, sin embargo, puede renunciarse a su ejercicio en atención a un fin moral prevalente o para cumplir un deber (1).

¿Habrán de ser conceptuados los derechos naturales como absolutos? Podría argumentarse que, precisamente por ser **naturales**, los derechos del hombre son **absolutos**, ya que, teniendo su raíz en la misma naturaleza del hombre, no puede el Estado desconocerlos. No obstante, se ha de observar que los derechos humanos fundamentales, aunque sean **naturales**, son a la vez **históricos**, en cuanto su aplicación y concreción están sujetos a los procesos de la historia, lo que los hace limitables porque, dentro de cada sociedad y de cada sistema jurídico, están condicionados por las exigencias del bien general y la coexistencia con otros derechos.

Así, en la doctrina patria no se estima que los derechos naturales sean absolutos ni ilimitados (2). Y comparte el mismo punto de vista la más autorizada y actual doctrina iusnaturalista extranjera. «La necesidad de realizar los derechos fundamentales en el Derecho positivo —advierte el Profesor Helmut COING— no significa que esa realización tenga que ser absoluta... La existencia de la comunidad estatal pone, con sus necesidades, límites a los derechos fundamentales. Por eso el Derecho positivo tiene que limitar necesariamente los derechos fundamentales. El Derecho natural no puede trasponerse, sin modificaciones, en la realidad» (3).

---

(1) PRISCO: **Filosofía del Derecho fundada en la Etica**, 2.ª ed., cit., números 183 a 187, págs. 220 y sigs.

(2) Ya SANTAMARIA DE PAREDES, que consideraba como derechos naturales tanto a los individuales como a los políticos, estimaba limitables a unos y otros (**Curso de Derecho político**, 4.ª ed., Madrid, 1890, páginas 177 y sigs.). En la doctrina más actual pueden verse en el mismo sentido, entre otros muchos autores, LUÑO PEÑA: **Derecho natural**, Barcelona, 1947, pág. 343; CORTS GRAU: **Curso de Derecho natural**, Madrid, 1953, pág. 241; IZAGA: **Elementos de Derecho político**, 2.ª edición, Barcelona, Bosch, 1952, t. II, pág. 244.

(3) **Fundamentos de Filosofía del Derecho**, trad. de J. M. Mauri, Barcelona, Ariel, 1961, págs. 188 y sig.

En la esfera positiva constitucional, las más clásicas Declaraciones de derechos, como la francesa de 1789, parecían dar a los derechos individuales un énfasis de derechos absolutos. Como hace notar SANCHEZ AGESTA se les formula, en ella, «con un carácter **negativo** que les da un valor **absoluto»** (1). Así la libertad, según su art. 4.º, consiste en poder hacer todo aquello que no perjudique a otro, no encontrando otros límites que aquellos que aseguren a los demás miembros de la sociedad el disfrute de los mismos derechos. Y la propiedad se declara como derecho inviolable y sagrado; lo que dio paso a la noción tradicional de la misma e incorporada al Código de Napoleón, como derecho de disfrutar y disponer de las cosas de la manera más absoluta, siempre que no se haga un uso prohibido por las leyes o los reglamentos.

Pero la tendencia social, propia de las Constituciones de nuestro siglo, ha borrado de los derechos humanos todo asomo de derechos absolutos. Las nuevas Declaraciones, de que luego hablaremos, llevan propias limitaciones a la mayor parte de los derechos esenciales y fundamentales. En general, el ejercicio de libertades encuentra no sólo los límites derivados de las exigencias de la coexistencia recíproca de los mismos, sino, además, las limitaciones debidas al control público que el Estado se reserva para proteger, en interés de los propios individuos, la seguridad de los mismos, la salubridad, la moralidad, el bienestar económica, etc.

En cuanto al problema de los límites en la concepción marxista o colectivista de los derechos humanos, no puede ofrecer duda ninguna. Para ella no existen derechos naturales anteriores al Estado; y, consiguientemente, los derechos fundamentales concedidos al individuo por las leyes tienen los límites que exige el interés general, entendido en sentido colectivista y según las exigencias del régimen político que lo hace suyo.

B. **¿Pueden ser conceptuados como absolutos algunos de los derechos fundamentales del hombre?**—No parece adecuado el excluir a grupos determinados de derechos humanos

---

(1) **Curso de Derecho constitucional comparado,** 2.ª ed., Madrid, Editora Nacional, 1965, pág. 250.

de la nota general de relatividad y limitabilidad propia de los mismos. Así, ni siquiera los derechos de la personalidad, en su concepto más estricto, son absolutos en cuanto a su contenido, pues están condicionados por las exigencias del orden moral y las del orden jurídico, que obligan a ponerlos en relación con los derechos de los demás hombres y los imperativos del bien común. Mucho menos podrían ser excluídas las llamadas **libertades públicas** o **cívicas,** que se atribuyen o reconocen a los hombres en cuanto ciudadanos de un Estado y que están sujetas a las limitaciones y moderaciones en su uso que establezca, por razones de prudencia política, la autoridad civil (1). En general, el postulado de la **libertad** como el de la **igualdad jurídica** no pueden concebirse en ningún caso como valores absolutos (2). Muy bien observa, a este propósito, SANCHEZ DE LA TORRE, que sólo «en las líneas generales de un pensamiento utópico se puede continuar hablando de derechos humanos absolutos. Desgraciadamente, en la vida real, ni siquiera en el sistema social más civilizado alcanzan una extensión y una seguridad que permiten entenderlos de tal manera. Los derechos humanos son libertades: esto es, facultades que requieren un gran despliegue de voluntad individual y de solidaridad colectiva. La libertad es intento y logro de una gran masa de virtudes sociales radicadas en lo más profundo y difícil de las personas. Por ello la libertad nunca es algo absoluto y espontáneo en la actividad o en la creencia humana, sino difícil cultivo de la dignidad personal de los individuos y de los pueblos» (3).

Se plantean a veces, sin embargo, algunas distinciones a propósito de esta relatividad de los derechos humanos. René CASSIN, Magistrado y Presidente de la Corte Europea de Derechos Humanos, nos habla de que entre las libertades y derechos del individuo «sólo un pequeño núcleo debe siempre conservar su carácter absoluto; en este núcleo se incluye la

---

(1) V. MARTIN ARTAJO (Alberto): **La doctrina política de los Papas,** Madrid, Biblioteca de Autores Cristianos, 1959, pág. 59.

(2) V. nuestro trabajo **La idea de justicia,** Madrid, Reus, 1968, páginas 172 y sig.

(3) **Teoría y experiencia de los derechos humanos,** cit., página 33.

libertad de conciencia y el derecho a una vida digna» (1). Cierta coincidencia con esta apreciación guarda la que formula el Profesor MESSNER, en el sentido de que algunos de los derechos humanos, en determinados aspectos, son absolutos: así, por ejemplo, tiene este carácter la libertad de conciencia, cuando se trate de la práctica privada de la religión. Pero, por el contrario, el derecho a la práctica pública del culto y, en general, casi todos los demás derechos del hombre, son derechos condicionados, pues no pueden llevar consigo el menoscabo de derechos indudables de otras personas (por ejemplo, en el caso de los sacrificios humanos) o del orden público (2).

Son, sin duda, razonables estas apreciaciones. La llamada libertad de conciencia, que no se refiere sólo al ámbito religioso, sino también a las demás esferas racionales de la vida humana y que ha sido definida como «el derecho incoercible y el deber supremo que cada uno tiene de seguir la voz y el dictamen de su razón, de **su conciencia**, en el ordenamiento de sus operaciones raciales» (3), es tan inconcusa que ni siquiera necesita ser positivamente declarada: se desenvuelve en el interior del hombre y cae, por ende, fuera del campo del Derecho, que regula las manifestaciones externas y sociales de la vida y actividad de los hombres.

En términos generales, la única excepción, muy acusada, a la limitabilidad de los derechos humanos, es seguramente la nacida de la exigencia de que, en cualquier situación, dentro de la vida social civilizada, quede a salvo la condición del hombre como persona. Está por encima de los poderes del Estado la dignidad humana, en todos sus aspectos, físicos (o externos) y morales. Las necesidades de la convivencia y del todo social no pueden afectar jamás al hombre en su valor de persona, o sea a su plenitud de hombre en cuanto tal hombre.

---

(1) **Veinte años después de la Declaración Universal: Libertad e igualdad**, en la **Revista de la Comisión Internacional de Juristas**, edición especial 1968, 1.ª parte cit., pág. 15.

(2) MESSNER: **Etica social** cit., pág. 509.

(3) P. Luis IZAGA: **Elementos de Derecho político**, 2.ª ed. cit., pág. 315.

Salvada la jerarquía que, como derecho primario y esencial, corresponde al que atañe a la persona misma, en concepto de derecho natural por excelencia, los derechos individuales y, en su noción más general, los derechos humanos, por muy importantes que sean, son susceptibles de adecuadas, aunque no arbitrarias, limitaciones.

II

LOS DERECHOS HUMANOS EN SU RELACION CON FIGURAS JURIDICAS AFINES

1. **Derechos del hombre y derechos subjetivos**

La dimensión subjetiva del Derecho o, lo que es igual, el derecho concebido como atributo jurídico individual, como poder concedido a la voluntad de los particulares, como **facultas agendi,** fue perfectamente conocido por el Derecho romano y por las escuelas filosófico-jurídicas tradicionales (1). Lo que hay es que la denominación de **derecho subjetivo** como contrapuesta a la del **Derecho objetivo** y la preocupación doctrinal por su noción y sus problemas corresponden al siglo XIX y fue obra principalmente de la dogmática civilística, que ha hecho de la figura del derecho subjetivo, como decía el pandectista BEKKER, la piedra angular de todo el edificio jurídico (2). El Derecho público ha aceptado esta figura, forjando la de los derechos públicos subjetivos y la ha hecho suya también la Filosofía del Derecho.

Distintas han sido la génesis y el sentido de los **derechos del hombre,** que han tenido una trayectoria y significación fundamentalmente política, como derechos del individuo fren-

---

(1) V. nuestro artículo **Derechos subjetivos,** en la **Nueva Enciclopedia Jurídica,** Barcelona, Seix, t. VII, págs. 102 y sigs.

(2) **Pandekten,** Weimar, 1886, § 18, pág. 46.

te al Estado, y un contenido más específico que el de los derechos subjetivos, ya que está concretado a los derechos esenciales humanos.

¿Qué relación existirá, en la actual dogmática del Derecho, entre la idea de los derechos subjetivos y la de los derechos humanos? El Profesor LEGAZ, desde el ángulo de la Filosofía del Derecho, considerando los derechos subjetivos como expresión de atributos de la personalidad, nos dice que «podrían dividirse en derechos fundamentales de la persona, derechos estatutarios y derechos subjetivos en sentido técnico-jurídico» (1). Los derechos estatutarios son, para él, aquellos en que el sujeto se halla en relaciones de comunidad y de organización. Los derechos subjetivos propiamente dichos son aquellos otros en que el sujeto se encuentra en relaciones de coordinación y en que predomina el sentido de libertad sobre el de función (2).

Resulta así que los derechos esenciales o fundamentales de la persona son una subespecie de los derechos subjetivos, cuando menos en el sentido amplio de estos últimos (3). Como dice el Profesor Helmut COING, los derechos del hombre son los derechos subjetivos de autodeterminación del individuo (4). Lo que pasa es que, en la actualidad, es extensísimo tanto el concepto de los derechos subjetivos como el de los derechos humanos: ya hemos visto que dentro de esta última categoría, al lado de los tradicionales **derechos individuales** existen y alcanzan cada vez más importancia los **derechos sociales.**

2. Derechos del hombre y derechos públicos subjetivos

Es el derecho público subjetivo una moderna figura jurídica introducida como consecuencia de la concepción del Es-

(1) **Filosofía del Derecho,** 2.ª ed., Barcelona, Bosch, 1961, pág. 726.

(2) Ibdem, págs. 728 y sig.

(3) Sobre el concepto del derecho subjetivo en sentido estricto, según la técnica moderna, especialmente la civilística, v. nuestro artículo **Derechos subjetivos,** loc. cit., págs. 105 y sig.

(4) **Fundamentos de Filosofía del Derecho**, versión española, cit., páginas 162 y sigs.

tado de Derecho, que obliga a considerar como relaciones jurídicas las relaciones entre el Estado y los particulares, súbditos suyos. Tiene su noción muchos precedentes doctrinales (incluso en la concepción de los derechos del hombre y del ciudadano divulgada por el Derecho constitucional francés), pero la elaboración de la teoría de los derechos públicos subjetivos es debida, sobre todo, a la literatura jurídica germánica, a partir de la obra, fundamentalísima de G. JELLINEK, **Systeme des subjetiven Rechte** (1). Ha sido copiosa la literatura que se ha producido en torno a esta importante categoría jurídica (2), siquiera cuente también con muchos partidarios la doctrina que discute o limita mucho la noción del derecho público subjetivo, configurando los derechos de los ciudadanos como meras **situaciones jurídicas subjetivas o efectos reflejos** del Derecho establecido por el Estado (3).

Es clara la relación íntima de esta teoría de los derechos públicos subjetivos, con la de los derechos del hombre. Algún sector doctrinal ha dado a los derechos humanos fundamentales la consideración de derechos públicos subjetivos. No obstante, separan a una y otra construcción las siguientes importantes notas:

1.ª La estructura y contenido de los derechos humanos son distintos a los de los derechos públicos subjetivos. Aquéllos son derechos de la persona humana considerada como valor primario y que pueden ejercitarse frente a la entidad política estatal. Estos otros implican una relación de subordinación entre el Estado y sus súbditos, en la que puede ser sujeto el Estado o el ciudadano. Así, aun cuando sean derechos públicos subjetivos los derechos del ciudadano (derechos fundamentales o de libertad) hay, a su lado, otras especies de esta clase de derechos, en las que el titular es el Es-

(1) En versión italiana: **Sistema dei diritti pubblici subietivi.** Milano, 1912.

(2) Véase la bibliografía cit. en el excelente estudio del profesor GARRIDO FALLA: **Derechos públicos subjetivos,** en la **Nueva Enciclopedia Jurídica,** Barcelona, Seix, t. VII, págs. 68-78. También puede consultarse LUCAS VERDU: **Derechos individuales,** en la misma obra y tomo, páginas 49 y sigs.

(3) V. GARRIDO FALLA, artículo cit., págs. 69-71, que critica estas nuevas **posturas extremas.**

tado (aunque vayan entonces estos derechos englobados en el concepto de soberanía) o los órganos del propio Estado.

2.ª La fundamentación también es diversa. La teoría de los derechos del hombre ha tenido siempre, en su fondo, significación iusnaturalista o racionalista. En cambio, la teoría de los derechos públicos subjetivos va acompañada de un fuerte sentido formalista y positivista. Nació precisamente esta teoría, especialmente a través de C. F. GERBER (1), como una reacción contra las doctrinas iusnaturalistas (2).

3. Derechos del hombre y derechos de la personalidad

No podemos detenernos ahora en la determinación del concepto y naturaleza, muy discutidos, de los derechos llamados de personalidad o de la personalidad (3). Pero es indudable que tienen un ámbito mucho más reducido que el de los derechos humanos.

Son estos derechos de la personalidad los que se ejercitan sobre la propia persona (según una concepción ya algo anticuada) o más propiamente (según ideas más actuales) sobre determinadas cualidades o atributos, físicos o morales, de la persona humana. Su teoría es muy moderna y pertenece, sobre todo, al Derecho privado: ha respondido al propósito de que sean reconocidos tales derechos como una nueva especie de derechos privados dotados de protección civil.

Por el contrario, la teoría, más antigua, de los derechos del hombre tiene significación fundamentalmente política: se preocupa de la tutela pública de los derechos del hombre (y ahora también de los derechos de las comunidades o agrupaciones formadas por los hombres), aspirando a ponerlos bajo

---

(1) **Hüber offentliche Rechte,** Tübingen, 1852.

(2) Así lo advierte SANTI ROMANO y lo recuerda Lucas VERDU: **Derechos individuales,** loc. cit., pág. 49, nota.

(3) Les hemos dedicado nuestro estudio **Los derechos de la personalidad,** publicado en la **Revista General de Legislación y Jurisprudencia,** julio-agosto de 1952, y en ed. sep.

la protección del Derecho constitucional o de las instituciones que hoy encarnan un pretendido Derecho universal.

Son muchos, ciertamente, los puntos de coincidencia entre los derechos humanos y los de la personalidad. Unos y otros pueden ser conceptuados como derechos naturales, ya que, como apunta LEGAZ, los derechos de la personalidad representan atributos que corresponden a la persona por su misma naturaleza y están enraizados en la propia condición del ser humano (1). La actual doctrina científica amplía bastante el ámbito de los derechos de la personalidad, admitiendo la categoría de los **derechos públicos subjetivos de personalidad** (2). Mas, de todos modos, tienen siempre una esfera más reducida que la propia de los derechos humanos. En el concepto moderno, tan amplio, de los derechos fundamentales del hombre, políticamente o internacionalmente garantizados, son sólo una especie de ellos, cuando están dotados de esa garantía, los derechos de la personalidad.

III

SISTEMATICA DE LOS DERECHOS HUMANOS

1. Clasificaciones doctrinales y legales

Son muchas las clasificaciones que de los derechos humanos se han propuesto y no faltan autores que creen que todas ellas son insuficientes y empíricas y vale más renunciar al empeño que persiguen. No obstante, es conveniente conocer las clasificaciones que han sido más corrientes y las que reflejan el pensamiento actual.

---

(1) **Filosofía del Derecho,** 2.ª ed., cit., pág. 726.
(2) V. Paolo BISCARETTI: **Derecho constitucional,** trad. de P. L. Verdú, Madrid, Tecnos, 1965, pág. 196.

A. **Distinciones clásicas.**—Las antiguas clasificaciones de los derechos humanos por razón de los bienes que estos protegen y del modo como el sujeto participa en el orden jurídico, giraban en torno a la distinción, fundamentalísima, entre los derechos **civiles** y los **políticos** (según otra terminología, derechos **privados** y derechos **públicos**).

Así, destacados iusnaturalistas, aun reconociendo que al ser el hombre sociable por naturaleza, todos los derechos son, a la vez, individuales y sociales, clasifican los derechos humanos, según su aspecto predominante, en derechos naturales de **carácter privado** (llamados también **individuales**) y derechos naturales de **carácter público** (llamados también **sociales** o **políticos**). Los primeros, dice LUÑO PEÑA, se refieren, singularmente y preferentemente, a la persona humana, prescindiendo de toda consideración a la organización jurídica de la sociedad en forma de Estado, mientras que los segundos corresponden a la persona humana frente al Estado, es decir, dentro de la sociedad políticamente constituída y jurídicamente organizada (1).

Con vistas a la concepción de los derechos individuales, predominante hasta muy avanzado el siglo XIX, que configuraba a tales derechos como libertades, se han clasificado los mismos alguna vez en estos dos grupos: los de **igualdad civil** y los de **libertad individual.** Los primeros han sido subagrupados en igualdad ante la ley, igualdad ante la justicia, igualdad ante los cargos e igualdad ante las cargas públicas. Los derechos de libertad, por su parte, se dividían, en relación con los intereses que protegían, en derechos de libertad que miran a los **intereses morales** de los individuos (libertad de conciencia, libertad de opinión, libertad de reunión, libertad de asociación, libertad de enseñanza y derecho de petición) y derechos de libertad que miran a los **intereses materiales** de los mismos (libertad personal, derecho de propiedad, libertad de trabajo, industria y comercio, inviolabilidades de la correspondencia y del hogar) (2).

---

(1) **Derecho natural,** Barcelona, 1947, pág. 340.

(2) OSSORIO Y GALLARDO, **Los derechos del hombre, del ciudadano y del Estado,** Buenos Aires, 1946, págs. 21 y sigs.; CERDA MEDINA, **Actuales tenden-**

Pero la clasificación más simple y que tuvo mayor difusión entre los tratadistas patrios de Derecho político durante el siglo pasado fue la del profesor SANTAMARIA DE PAREDES, que dividía los derechos humanos en estas tres clases: **individuales** (llamados también civiles o privados), **políticos** (que corresponden al hombre como ciudadano) y **mixtos** (que pueden ser individuales o políticos, según se apliquen a un fin individual o a un fin político). Con especial referencia a la Constitución, vigente durante tanto tiempo, de 1876, incluía este tratadista en el grupo de los individuales los derechos de seguridad personal, de inviolabilidad del domicilio y de la correspondencia, de propiedad, el relativo al culto y el de libertad de profesión y de enseñanza; en el grupo de los políticos, el derecho a la obtención de cargos públicos y el de sufragio, y en el grupo de los mixtos el derecho de libre emisión del pensamiento, los de reunión y asociación y el de petición (1).

B. **La moderna categoría de los derechos espirituales o morales.**—No es extraño que sean los filósofos del Derecho los que, al enfrentarse con los derechos del hombre, hayan fijado su atención en un aspecto poco estudiado por la doctrina clásica y que merece particular atención: el de los bienes espirituales humanos como objeto de debido respeto y protección por el Derecho.

AUER (Albert) distingue entre los derechos **biológico-existenciales** y los derechos **espirituales** (2). Y en nuestra patria, el profesor LEGAZ LACAMBRA nos habla de derechos de la persona en su substrato físico (derecho a la vida, a la integridad, a la subsistencia), en su señorío sobre el mundo exterior (derecho a la propiedad), en su vida social y en el plano de la vida personal que tiene su eje en la intimidad. Marcando

---

cias en materia de garantías constitucionales, en **Revista de Derecho y Ciencias Sociales**, Universidad de Concepción (Chile), octubre-diciembre de 1962, página 32.

(1) **Curso de Derecho político**, 2.ª ed., Madrid, 1890, págs. 176 y siguientes y 664 y sigs.

(2) **Der Mensch hat Recht**, Graz-Viena-Colonia, 1956, págs. 273 y siguiente.

la importancia de estos últimos derechos perteneciente a la dimensión íntima del hombre, nos dice que «un derecho fundamental del hombre es el derecho a su intimidad, a que su intimidad sea respetada —a que el Derecho, pues, se mantenga y se atenga a su condición de forma de la vida social— y allí tienen su fundamento el derecho a la integridad moral (o derecho al honor) y los derechos de libertad de conciencia, de pensamiento, de elección de estado de educación, etc.» (1).

Los civilistas toman buena nota de esta categoría de derechos morales al tratar de los de la personalidad, incluyendo entre ellos el derecho al honor, a la esfera íntima de la persona y a la reserva (una de cuyas manifestaciones es el derecho a la imagen), el derecho al secreto (con el secreto de la correspondencia), el derecho moral de autor, etc. (2).

En los estudios específicamente dedicados a los derechos humanos, así como en los documentos oficiales relativos a los mismos, se da actualmente mucha importancia y relieve, dentro de la categoría de los derechos morales, al llamado **derecho a la intimidad,** que a su vez se proyecta en una serie de derechos singulares de especial relevancia. RUIZ-GIMENEZ ha hecho notar recientemente la que llama estructura plural de derecho a la intimidad y la significación del mismo en el actual momento del vivir humano, como un valor fundamentalísimo. «A medida —nos dice— que se acentúa el proceso de socialización en las relaciones interhumanas y la técnica invade los sectores más recoletos de la existencia —no sólo en la vida colectiva, sino también en la individual—, se agudiza más la urgencia de defender el núcleo entrañable, la zona más íntima de la persona en sí misma y en su diálogo con esta o la otra persona de su contorno inmediato» (3). Da idea de la importancia que hoy se atribuye a

---

(1) **Filosofía del Derecho,** 2.ª ed., cit., pág. 727.

(2) Pueden verse: DE CUPIS, **I diritti della personalitá.** Milano, 1950; MARTIN-BALLESTERO, **La persona humana y su contorno,** Madrid, s. f.; CASTAN **Los derechos de la personalidad** (sep. de la **Revista General de Legislación y Jurisprudencia**), Madrid, 1952, y los autores allí citados.

(3) **El derecho a la intimidad,** en el diario **Ya,** núm. de 14 de enero de 1969.

este tema del derecho a la intimidad la circunstancia de que se abordó el mismo y fue objeto de desarrollos amplios en la Conferencia de juristas nórdicos organizada por la Sección sueca de la Comisión Internacional de Juristas en mayo de 1967 (1). Tiene ya la regulación del repetido derecho una base positiva en la Declaración Universal de los Derechos Humanos (arts. 12 y 17) y en la Convención sobre los derechos civiles y políticos de 1966.

C. **La categoría de los derechos de tipo social.**—No fueron desconocidos estos derechos por las doctrinas tradicionales; pero la significación de los mismos era pequeña y muy debilitada en la época del individualismo jurídico.

El relieve doctrinal de los derechos sociales, considerado como una nueva y trascendentalísima categoría jurídica, contrapuesta a la de los derechos individuales, corresponde principalmente al fundador de la escuela del Derecho social, Georges GURTVITCH. Superando este ilustre escritor de nuestro siglo las ideas individualistas que habían dominado en tiempos anteriores, hace notar que estando inseparablemente unidos los derechos subjetivos y el Derecho objetivo, hay que reconocer no sólo la existencia de **derechos subjetivos individuales**, ligados al Derecho individual y que se **contraponen** sino también la realidad de los **derechos subjetivos sociales**, ligados al Derecho social y que se **interpenetran** (2).

No deja de prestarse a dudas y discusiones el concepto específico de los derechos sociales. Fundamentalmente son derechos laborales, entre los que destacan el derecho de los trabajadores a la seguridad económica (que incluye el derecho a un trabajo productivo y a un sistema de seguros), a las condiciones en que tiene lugar el trabajo y a las garantías complementarias (libertad sindical, derecho de huelga, etcé-

---

(1) Puede verse una extensa referencia a sus conclusiones en el artículo de ZANNONI, **En el año de los derechos humanos**, publicado en la **Revista General de Legislación y Jurisprudencia**, julio-agosto de 1968, y en ed. sep., págs. 20 a 27 de esta última.

(2) GURVITCH, **L'idée du droit social**, París, 1931, págs. 626 y siguiente, y **Les déclarations des droits sociaux**, 1946.

tera) a los que se van añadiendo algunos otros que traspasan ya el ámbito laboral, como el derecho de propiedad al servicio de los fines sociales (1) e incluso los derechos de orden cultural.

Lo cierto es que esta flamante categoría jurídica ha venido a ser reconocida en las más modernas Declaraciones de derechos de orden constitucional (sobre todo después de la guerra 1914-18) y en los más recientes textos internacionales relativos a derechos humanos, como hemos de ver más adelante.

D. **Cuadro general sistemático de los derechos humanos en las doctrinas actuales.** — Los expositores de Derecho público, muy directamente interesados por los derechos del hombre, acogen con preferencia para la catalogación de los mismos el criterio de las garantías jurídico-políticas que protegen esos derechos fundamentales. Así, el profesor SANCHEZ AGESTA, atendiendo a la naturaleza del bien protegido por los derechos humanos y a la diversa naturaleza de su realización y garantía jurídica, clasifica los derechos proclamados en los textos constitucionales en cuatro principales grupos:

a) **Derechos civiles**, que protegen la **vida personal individual**, sancionando la violación de los bienes garantidos y especificando los supuestos, la autoridad y el procedimiento (garantía legal, judicial y procesal) que exige para su licitud la privación de esos bienes por razón del bien público. Comprende este grupo: a'), los **derechos de la intimidad personal** (protección negativa de la autonomía de la vida privada frente a su violación por los particulares o por agentes del Estado); b'), los **derechos de seguridad personal** (protección de la libertad mediante la garantía de la ley aplicada

---

(1) Pueden verse, sobre el concepto de los llamados derechos sociales: Georges BURDEAU, **Manuel de Droit public, Les droits sociaux**, París, 1948; Mario CERDA MEDINA, **Las actuales tendencias en materia de garantías constitucionales**, en la **Revista de Derecho y Ciencias Sociales** de la Universidad de Concepción (Chile), octubre-diciembre de 1962, pág. 41, y Angel SANCHEZ DE LA TORRE, **Teoría y experiencia de los derechos humanos**, Madrid, 1968, págs. 80 y siguientes

por el juez); c'), **derechos de seguridad económica** (garantías de la propiedad y de la legalidad de los impuestos); d'), **derechos de libertad económica** (libertades de trabajo, de industrla, de comercio).

b) **Derechos públicos**; que son derechos de **intervención en la formación de la opinión pública** (libertades de reunión, de expresión del pensamiento, de información y de constituir asociaciones políticas o culturales).

c) **Derechos políticos**; que son **derechos de participación en la vida pública** (derechos de petición, de sufragio, de ejercer cargos públicos, etc.).

d) **Derechos sociales,** de los que pueden hacerse dos subgrupos: a'), derechos del desenvolvimiento personal (derechos a la instrucción y la educación, a constituir una familia, a la práctica del culto religioso), y b'), **derechos sociales estrictos,** que implican una prestación positiva del Estado, inspirándose en los principios de justicia social y seguridad social (derechos a la propiedad personal y familiar, al trabajo, a un salario justo, a los seguros sociales, a la asociación laboral) (1).

Quienes contemplan los derechos humanos desde el ángulo de la Filosofía del Derecho nos presentan síntesis de ellos que, aun a través de una fundamentación diversa, llegan a resultados no muy diferentes. Así, el profesor SANCHEZ DE LA TORRE, poniendo en relación la teoría de los derechos humanos con la idea de justicia en la vida social, empieza por distinguir varios grupos de relaciones sociales, en conexión con sendas clases de justicia. Hay, ante todo, en las relaciones del hombre como ser social unas marcadas por el sello de la **intimidad**, mientras que otras denotan cierta **distancia** en el trato con los demás. Y esto se traduce en una distinción de dos especies o niveles de derechos humanos: los llamados **derechos de la intimidad** (de la **privacy,** como prefieren decir los ingleses y americanos, o de la **solitudine,** según DEL VECCHIO) que positivamente han de estar albergados por el ordenamiento jurídico como partes integrantes de

---

(1) **Lecciones de Derecho político,** ed cit., págs. 562 y sig.

la vida privada del individuo (por ejemplo, libertad de conciencia, libertad de expresión, derecho a la familia, derecho de inviolabilidad de domicilio, de correspondencia, etc.) y los **derechos derivados de la pertenencia de un individuo o grupo a la colectividad amplia,** que se traducen en la libertad de poder establecer, sin discriminación alguna, toda clase de relaciones conmutativas y toda clase de responsabilidades públicas según las condiciones en que participa cualquiera de los demás individuos o grupos. Como este segundo grupo de derechos humanos tiene un contenido muy complejo, al comprender derechos tan variados como los de indiscriminaciones culturales y sociales, los civiles y políticos, y los económicos, resultan, por tanto, cuatro grandes grupos de derechos humanos: los **derechos de la vida particular**; los **derechos de indiscriminación cultural y social** (derechos sociales y derechos a la cultura); los **derechos de participación cívica y política**, y los **derechos de la actividad económica** (propiedad y trabajo). Los derechos de indiscriminación, culturales y sociales, guardan correspondencia con la llamada justicia **general**; los derechos civiles y políticos, con la justicia **distributiva,** y los derechos económicos con la justicia **conmutativa** (1).

E. **Clasificaciones inferibles de las actuales Declaraciones de derechos.**—De las actuales, Constituciones y documentos internacionales, especialmente los emitidos por las Naciones Unidas, pueden obtenerse dos tipos de clasificaciones: por el sujeto de los derechos humanos y por el objeto o contenido de éstos.

a) **Clasificaciones por razón del sujeto.** — Mientras que las Constituciones políticas del siglo XIX, inspiradas en las concepciones del individualismo liberal, sólo reconocían los derechos del individuo, las tendencias actuales tienden al doble reconocimiento de los derechos de los individuos y los derechos de los grupos o formaciones sociales. Así, la vigente Constitución italiana, en su art. 2.°, afirma que «la Re-

(1) SANCHEZ DE LA TORRE, **Teoría y experiencia de los derechos humanos,** cit., págs. 33 a 102 y especialmente 47 y 58 a 62.

pública reconoce y garantiza los derechos inviolables del hombre, sea como individuo, sea en las formaciones sociales donde se desarrolla su personalidad (1).

En el plano internacional, las más recientes Declaraciones de derechos recogen esta tendencia y puede decirse que admiten las siguientes clases de derechos: 1) Derechos de la persona humana; 2) Derechos de las comunidades menores o infraestatales, especialmente la familia; 3) Derechos de los Estados en la esfera interna; 4) Derechos de los Estados y de los pueblos en la comunidad internacional.

b) **Clasificaciones por razón del objeto o contenido de los derechos.**—En los últimos documentos de las Organizaciones internacionales son netamente diferenciados estos grupos de derechos humanos: a), derechos políticos; b), derechos civiles; c), derechos económicos, sociales y culturales.

Ya la Declaración Universal de derechos humanos de 1948, después de regular los clásicos derechos de libertad individual, da un gran juego, en los artículos 22 y siguientes, a los que llama derechos económicos, sociales y culturales del hombre. Posteriormente, el contenido unitario de esa Declaración universal ha sido desdoblado, a través de las Convenciones aprobadas en 1966, en dos textos distintos, uno dedicado a los derechos civiles y políticos, y otro a los económicos y sociales.

No dejan de ser expresivas estas distinciones que tanto relieve alcanzan hoy en los Documentos internacionales. Parece clara la diferenciación de unos derechos humanos que se desenvuelven en el ámbito de la vida personal y otros que se desarrollan en el de la vida social. Pero esta separación, y todavía más la que pretende disgregar de la esfera social la económica y la cultural, tienen valor muy relativo. Será muy difícil el deslinde entre los derechos sociales y los económicos, ya que parecen encajar en uno y otro grupo el derecho al trabajo, al empleo, a un nivel regular de vida, al des-

(1) V. BISCARETTI, **Derecho constitucional,** versión de Lucas VERDU, Madrid, Tecnos, 1965, núms. 233 a 248, págs. 677 y sigs.

canso, a la seguridad social y tantos otros. Y no es menos estrecha la afinidad entre los derechos sociales y los culturales; de tal modo que uno de los más acusados derechos del grupo cultural, el de la educación, parece proteger también, muy destacadamente, el grupo de los derechos sociales.

Por otra parte, muchos derechos económico-sociales tienen también matiz muy personal. El derecho a la propiedad, que hoy se tiende a considerarlo como un derecho del orden ecónomico, era consagrado por las viejas Constituciones como uno de los más relevantes derechos individuales, estimando, no sin razón, que la propiedad es el complemento necesario de la personalidad.

2. **¿Es posible una catalogación de los derechos humanos?**

No es fácil, ni tal vez hacedero, enumerar, en un plano teórico, los derechos fundamentales del hombre. Si se considera a éstos como derechos estrictamente **naturales**, son pocos los que podrán merecer esa conceptuación. Y si se tiene de aquellos derechos el concepto amplio con que se suele hoy hablar de ellos, es fácil observar que tales derechos son distintos en cada época y en cada uno de los ordenamientos positivos.

La historia nos muestra cómo los derechos humanos han sido objeto de una evolución, en la que han pasado por fases muy cambiantes, aunque en general se acuse un cierto reconocimiento progresivo de ellos. RUIZ-GIMENEZ hace notar que «con la mutación de las circunstancias históricas aparecen (o por lo menos acentúan su perfil y su significación) determinadas aspiraciones y exigencias del hombre que para esa epifanía han necesitado la maduración de un cierto **clima cultural** o, si se prefiere, de un **nivel ético-social** más alto y más abierto a la plenitud de la existencia» (1). Y así, como escribe SANCHEZ AGESTA, «los derechos que aparecen en los diversos órdenes constitucionales son muy varios y, como es natural, están en función de los principios políticos que inspiran el régimen de cada pueblo» (2).

Ciertamente, como luego veremos, se ha intentado en nuestros días unificar la formulación de los derechos humanos, internacionalizándolos; pero la llamada Declaración Universal no lo es más que en el propósito. Y por otra parte, la catalogación de tales derechos, tanto por la vía del Derecho positivo como por la del Derecho natural, no puede nunca ser segura ni definitiva, pues forman los repetidos derechos núcleos diversos en los cuales pueden ser halladas y señaladas figuras jurídicas diferentes.

No tienen, así, gran valor las enumeraciones que de los derechos del hombre se han hecho en el plano doctrinal. Pero citaremos, como ejemplo de ellas, la que nos ofrece uno de los más autorizados iusnaturalistas de hoy día, que seguramente sin pretensiones sistemáticas ni exhaustivas, examina como derechos del hombre, a la luz de los principios del Derecho natural, los siguientes: a), la **libertad de conciencia**; b), la **libertad de practicar la religión**; c), el **derecho a la propia vida**; d), el **derecho a la inviolabilidad de la persona**; e), el **derecho al matrimonio y a la familia**; f), el **derecho a la educación de los propios hijos**; g), el **derecho a la adquisición de lo necesario para el sustento**; h), el **derecho de propiedad**; i), el **derecho de asilo** (por razones políticas); j), el **derecho a la libre elección de profesión**; k), el **derecho al desarrollo de la personalidad**; l), el **derecho de libre expresión** (en la palabra hablada y escrita y, en especial, en la prensa, la ciencia, la literatura y el arte); m), el **derecho de libre asociación**, y n), el **derecho a participar en el orden y administración de la comunidad** (3).

---

(1) Artículo sobre **El derecho a la intimidad,** en el periódico **Ya,** citado antes.

(2) **Lecciones de Derecho político,** ed. cit., pág. 561.

(3) **Etica social, política y económica, a la luz del Derecho natural**, citada, páginas 508 a 514.

Con el problema de la determinación enumerativa de los derechos fundamentales está muy relacionada una cuestión de indudable importancia positiva y práctica: ¿puede ser ampliado el catálogo de los derechos fundamentales del hombre enunciado por las modernas leyes políticas?; ¿habrá que aplicar para la determinación de esos derechos un criterio de **númerus clausus** o una regla de **numerus apertus**?

Algunas Constituciones resuelven la duda de que se trata, declarando expresamente que la concreción que hacen de tales derechos no tienen carácter exhaustivo. Así, la enmienda IX de la Constitución de los Estados Unidos puntualiza que la enumeración de derechos que se contiene en ella «no deberá interpretarse como denegación o menoscabo de otros derechos que conserva el pueblo», y textos análogos se han registrado en algunas otras leyes políticas fundamentales (1).

El problema, a juicio nuestro, está subordinado a la fundamentación que a los derechos humanos se atribuya. Dentro de la tesis iusnaturalista no cabe duda que los derechos fundamentales, al tener su base y su justificación en la ley natural y el valor intrínseco de la persona humana, pueden existir aun sin el reconocimiento expreso de la ley positiva, aun cuando los faltarán a veces garantías de eficacia. Por el contrario, dentro de una concepción estrictamente normativa, positivista, del Derecho, es difícil la admisión de derechos subjetivos no encuadrados en el ordenamiento legal o estatal de que se trate. Claro es, de todos modos, que hay siempre casos excepcionales, suscitados por los fenómenos revolucionarios, en los que las libertades y derechos humanos pueden saltar por encima del ordenamiento positivo.

---

(1) Hay ejemplos en la Constitución española de 1869, art. 29; en la brasileña de 1891; en la portuguesa de 1911 .

3. ¿Es posible una jerarquización de los derechos humanos? ¿Hay un derecho primario que sirva de base a todos los demás?

Los derechos humanos se desenvuelven en el ámbito de la vida personal o en el de la vida social. Pues bien: dentro de la esfera o dimensión personal, «el primer derecho del hombre —ha dicho LEGAZ— es el derecho a la intimidad, a que esa intimidad sea respetada. Este respeto no consiste sólo en el abstencionismo; implica, además de esta posición negativa (sin embargo, exigible) la aptitud positiva de crear y favorecer aquellos contenidos religiosos y morales que favorecen el enriquecimiento de la personalidad interior del hombre y aparecen diques a la socialización en todas sus formas» (1).

Pero nótese que el derecho de intimidad y todos los demás derechos fundamentales son derivación de aquel derecho del hombre, verdaderamente primario y básico, que es el derecho a que sea reconocida y protegida su personalidad.

Ya habló de él el iusnaturalista PRISCO, que lo definió como el que tiene por objeto el reconocimiento de la personalidad del hombre (2). En la actualidad, la Filosofía jurídica lo admite casi sin discrepancias. «Hay —dice el propio profesor LEGAZ— un derecho absolutamente fundamental para el hombre, base y condición de todos los demás: el derecho de ser reconocido siempre como persona humana» (3).

Este derecho primario, en la concepción actual de los pueblos civilizados y especialmente los llamados occidentales, está, pues, fuera de la competencia del Estado y de las limitaciones que en los derechos fundamentales puedan ser impuestas por las leyes positivas. El profesor de la Universidad de Bonn

---

(1) **La noción jurídica de la persona humana y los derechos del hombre**, en **Revista de Estudios Políticos**, vol. XXXV, 1951, pág. 44.

(2) **Filosofía del Derecho fundada en la Etica**, ed. cit., núm. 197, pág. 225.

(3) **La noción jurídica de la persona humana y de los derechos del hombre**, loc. cit., pág. 44; **Filosofía del Derecho**, 2.ª ed. cit., pág. 726.

Hans WELZEL indica que la manifestación jurídica del poder del Estado, aun cuando se ejerza en forma regulada, se detiene ante el valor de la persona humana. El hombre sólo puede ser obligado en cuanto **persona**, y, consiguientemente, el Derecho tiene que reconocerlo como persona. «Sólo cuando la ordenación del Poder obliga y reconoce al hombre como persona, son Derecho sus mandatos» (1).

IV

LOS DERECHOS HUMANOS EN SU CONSIDERACION FILOSOFICO-JURIDICA

1. La fundamentación de los derechos humanos a través de la evolución del pensamiento filosófico y jurídico

A. **Origen del concepto de persona y sus derechos.**—Hay sectores de la doctrina contemporánea, de sentido positivista y relativista, que se desinteresan de toda fundamentación filosófica del concepto de persona y de los derechos humanos, ateniéndose meramente a las afirmaciones histórico-políticas de estos derechos. No compartimos esta posición, que creemos funesta para la ciencia jurídica y la política, pues conduce lógicamente al totalitarismo, que es poco compatible con los derechos del hombre. Debemos dar a estos derechos una base filosófica y ética, ligándolos a la noción de la persona.

La filosofía griega, aun cuando a partir de la escuela socrática dirigió su estudio hacia el hombre (2), lo hizo de una

---

(1) WELZEL, **Naturrech und Rechtspositivismus**, 1958; incluido, con otros trabajos del propio autor, en el vol. **Más allá del Derecho natural y del positivismo jurídico**, publ. por la Universidad Nacional de Córdoba (República Argentina), 1962, especialmente pág. 64.

(2) V. nuestro libro **Humanismo y Derecho (El humanismo en la historia del pensamiento filosófico y en la problemática jurídico-social de hoy)**, Madrid, Instituto Editorial Rues, 1962, págs. 19 y sigs., y los autores que allí citamos.

manera en cierto modo externa, proyectándolo hacia el Cosmos. El **yo** —ha dicho JAEGER— se halla, para los griegos, en íntima y viva conexión con la totalidad del mundo circundante, con la naturaleza y la sociedad humana, y no separado y aislado. ARISTOTELES designa al hombre como un **animal político,** identificando así el ser del hombre con la ciudadanía, la pertenencia al Estado (1).

Algún antecedente de la concepción del hombre con significación espiritual, ético-jurídica, encontramos ya en el concepto romano de la **humanitas,** forjado por la filosofía estoica (2), precursora de la concepción cristiana de la persona humana. Pero el verdadero y más propio encuentro de la persona como valor esencial, como fundamental concepto filosófico-jurídico, hay que buscarlo en el Cristianismo. El Profesor colombiano MANTILLA PINEDA hace notar que la filosofía de la persona «apareció en la confluencia de la filosofía antigua con la incipiente teología cristiana, es decir, en la llamada filosofía patrística... La filosofía antigua, no obstante la preocupación socrática acerca de la esencia del hombre y la doctrina aristotélica de la individuación, desconoció completamente el problema filosófico de la persona. En el plano de la naturaleza, único ángulo de visión de la filosofía antigua, el hombre no podía ser sino individuo. La persona es categoría espiritual. Nace cuando en el ente psicofísico despierta la conciencia de sí y de su destino exclusivo, intransferible. Incide en el pensamiento filosófico cuando la teología cristiana afirma el valor inapreciable de cada alma individual» (3). Fue así el Cristianismo el que infundió a la cultura occidental un espíritu nuevo. En efecto, el Cristianismo ha afirmado el valor del individuo como ser de fines absolu-

---

(1) JAEGER (W.): **Paideia: Los ideales de la cultura griega,** trad. de J. Xirau, W. Roces, 2.ª reimpresión, México, Fondo de Cultura Económica, 1968, libro I.

(2) PEREZ LEÑERO: **Influencias de la filosofía griega en el Derecho romano,** en el **Homenaje a D. Nicolás Pérez Serrano,** t. I, Madrid, Instituto Editorial Reus, 1959, pág. 135, y FUEYO ALVAREZ: **Humanismo europeo y humanismo marxista,** en el vol. **La mentalidad moderna,** Madrid, Instituto de Estudios Políticos, 1967, págs. 331 y sigs.

(3) **Filosofía del Derecho,** Medellín (Colombia), 1961, págs. 385 y sigs.

tos; exaltó, desde sus primeros momentos, el sentimiento de la dignidad de la persona humana y ha proclamado y proclama enérgicamente hoy la necesidad de que la sociedad esté organizada en forma tal que permita a la persona desenvolverse íntegramente, realizar su perfección y afirmar su personalidad, sin perjuicio del bien común y cooperando a él.

Del mismo modo que corresponde al Cristianismo la gloria de haber hecho patente el concepto de la persona humana, es también suyo el origen de la concepción de los derechos que ahora se llaman subjetivos y de los derechos humanos que, andando el tiempo y a través de una larga evolución, habrían de ser considerados como derechos naturales o innatos primero; como derechos del hombre y del ciudadano después, y como derechos absolutamente humanos y universales que corresponden a todos los hombres, finalmente.

Como enseña el Profesor Felice BATTAGLIA, la Antigüedad clásica no percibió bien la existencia del sujeto, con significación ética y jurídica, fuera del Estado. Para que fuese el individuo reconocido como sujeto, con anterioridad e independencia al ente político, y con propia dignidad y propio valor, para que fuese estimado como principio, tanto en el orden jurídico como en el moral, para que se le pudiesen atribuir inherencias y facultades que no le vinieran de fuera, sino de dentro —en la intuición que el hombre puede hacer de sí en sí mismo— fue precisa la incomparable y única revolución del Cristianismo... El Cristianismo, a través de sus diversas etapas, patrística y escolástica, plantea de esta forma un problema absolutamente desconocido al mundo clásico, que no llamo de la individualidad (ya que, bien o mal, el **principium individuationis** está presente en ARISTOTELES), sino de la subjetividad moral o de la dignidad moral del hombre en cuanto persona... De la intuición cristiana del hombre, hijo de su Hacedor, recuperado a la luz de la gracia a través de la consciencia, deriva y nace toda conquista que reivindique su autonomía ética, todo derecho que se le pueda atribuir. Aquí reside realmente el germen de la historia moderna en cuanto tiene por centro al hombre, que se convertirá en ciudadano sin dejar de ser hombre, y en trabajador sin dejar de ser hombre y ciudadano, poseyendo esenciales y fundamentales derechos que ningún poder público pretenderá ignorar, sino que, por el contrario, el ente político, en cuanto legítimo, deberá reconocer y tutelar» (1).

Han advertido plumas muy actuales que la ideología de la Revolución francesa y de la Declaración de los derechos del hombre, con sus famosos principios de libertad, igualdad y fraternidad, tiene un primer origen bíblico-evangélico. Estos tres postulados «se han desarrollado a partir del conocimiento, fundamentado en la Escritura, de las criaturas creadas por Dios y de las características del hombre... La democracia no hubiera sido nunca posible sin el Cristianismo» (2).

B. **Teoría de los derechos naturales, llamados también innatos.**—Los orígenes del reconocimiento de los derechos humanos están enlazados en la idea del Derecho natural. «La afirmación de que existen algunos derechos esenciales del hombre en cuanto tal, en su cualidad o esencia absolutamente humana, no se pueden separar —dice el propio profesor BATTAGLIA— del reconocimiento previo y necesario de un Derecho natural: natural en cuanto distinto del positivo y, a su vez, preliminar y fundamental respecto a éste... El considerar que existe un derecho de naturaleza inserto en las cosas, en la naturaleza, y del cual el hombre participa, esto es, una **lex naturae** de la que él es el intérprete racional, termina por influir en el reconocimiento de que el hombre mismo es su titular, como portador de algunos derechos que precisamente le son inherentes por naturaleza, que lo son **naturaliter** propios, atributos suyos y, a fin de cuentas, constitutivos de su esencia profunda en cuanto sujeto de derecho» (3).

Así, en el fondo del pensamiento medieval se reconocía, sin duda, la existencia de derechos naturales de la persona

---

(1) **Los derechos fundamentales del hombre**, en el vol. **Estudios de teoría del Estado**, cit., págs. 157-159.

(2) BÖHM (Anton): **La trilogía ideológica de la Revolución «Libertad, Igualdad, Fraternidad» y la «Política cristiana»**, en la revista **Folía Humanística**, Barcelona, octubre de 1968, pág. 797.

(3) BATTAGLIA, loc. cit., pág. 175.

humana, sostenidos por la ley natural, intangibles e inviolables por toda potestad política. Lo que hay es que la concepción jurídica de los tiempos medios, fundada en la consideración del Derecho como una ordenación total de la vida, en la que tan primordial papel desempeñaban la ley eterna y la ley natural, no sintió, durante siglos, la necesidad de dar un relieve muy destacado y autónomo a esos derechos naturales de la persona. Este reconocimiento de los derechos fundamentales de la persona humana, como consecuencia de la concepción de un Derecho de naturaleza, común a todos los hombres, tuvo, sin embargo, en los tiempos medios, importantes manifestaciones de gran influjo sobre los ordenamientos jurídicos positivos del mundo cristiano. Los derechos naturales, en primer lugar, se manifestaron y actuaron como **derechos estamentales,** es decir, derechos propios de los estados o grupos bajo los que parecía estructurada la sociedad feudal. Después veremos cómo a través de la defensa de estos derechos de los grupos o estamentos sociales surgieron, en la Edad Media, los primeros ejemplos de las Declaraciones de derechos humanos. Y en segundo lugar, los derechos naturales tuvieron su más elocuente expresión y relevancia en el marco de las relaciones del mundo cristiano con los infieles (o, concretamente, con los **indios**). Como muy bien escribe Antonio TRUYOL SERRA, «la Edad Media no desconocía que todos los hombres, más allá de su **status** social y político, participan de un orden ético-natural cuyos principios de base, procedentes del estoicismo antiguo y del cristianismo, son la unidad del género humano, la dignidad de la persona humana, hecha «a imagen y semejanza de Dios», la igualdad esencial de los hombres. Estos principios permitieron a un sector de la doctrina, especialmente a Santo Tomás de Aquino y su escuela, reconocer a los infieles un derecho natural de dominio privado y público, que les ponía teóricamente a salvo de un supuesto derecho natural de conquista por parte de los cristianos fundado en la infidelidad, que muchos defendían. Aquella fue, asimismo, la posición de la teología moral española de los siglos XVI y XVII: VITORIA, LAS CASAS, SOTO, SUAREZ y otros, quienes la desarrollaron sistemáticamente con ocasión del descubrimiento de América y su ocupación por los españoles, con consecuencias de gran alcance para el Derecho de gentes y el Derecho de colonización (así, las célebres **Leyes de Indias**)» (1).

La teoría, de raíz medieval, pero que llega hasta nuestros mismos días, de los derechos naturales y primarios (que en alguna época han sido llamados también originarios e innatos) ha sido el primer origen de los que después han recibido la denominación de **derechos del hombre**; pero no coincide exactamente la teoría de los primeros con la de los segundos. Así lo indica uno de los más doctos teólogos-juristas de nuestro tiempo, de confesión protestante, Emil BRUNNER, rector de la Universidad de Zürich. «Bajo el título de **derechos del hombre** —escribe— han sido postuladas muchas cosas que nada tienen que ver con los derechos originarios y primarios de libertad, sino que más bien corresponden a determinadas ideas políticas o sociales, que en sí son cuestionables, y cuyas consecuencias pueden tener pleno sentido sólo en relación con las exigencias de la familia y del Estado. No todos los derechos de libertad son derechos personales originarios y primarios, según el orden de la Creación. Algunos pueden ser en sí importantes y significativos, e incluso en una determinada situación del orden socio-estatal pueden resultar necesarios —como, por ejemplo, la libertad de comercio y de industria, la libertad de prensa, etc.—, pero a lo sumo pueden ser derivados de los derechos primarios de libertad sólo indirectamente y con ayuda de determinadas premisas históricas. Como derechos originarios o primarios de libertad entiendo, exclusivamente, aquellos derechos que corresponden al hombre bajo **todas** las circunstancias y situaciones, derechos que, por consiguiente, no deben serle negados **nunca** al hombre por la sociedad» (2).

---

(1) **Los derechos humanos, Estudio preliminar.** Madrid, Ed. Tecnos, 1968, páginas 12 y siguiente.

(2) **La Justicia (Doctrina de las leyes fundamentales de orden social)**, trad. de L. Recaséns Siches, México, Universidad Nacional Autónoma, 1961, páginas 79 y sig.

C. **Teoría de los derechos humanos bajo el racionalismo individualista de los siglos XVII y XVIII.**—El Renacimiento y los siglos que le han seguido exaltaron, filosófica y teóricamente, los derechos humanos, sin negar a éstos su consideración de derechos naturales. Pero, sin embargo, han dado a tales derechos una configuración muy distinta de la que tradicionalmente venían teniendo. En primer lugar, el Derecho natural, en esta época, abandona la base teológica sobre la que se había asentado el iusnaturalismo medieval y adopta un matiz puramente racionalista. Por otra parte, los derechos del hombre giran ahora en torno a un sentido de la persona individual como fuerza independiente, emancipada de la colectividad. Los derechos del hombre, que antes eran inseparablemente individuales y sociales, pasan a ser estrictamente **derechos individuales.** En definitiva, la visión del problema del hombre y de sus derechos se convierte en unilateral y combativa. Los que llegan a titularse **derechos del hombre y del ciudadano** son derechos frente al Poder, fundados en una antítesis y una lucha entre el Estado y el individuo. Mientras que los derechos naturales o innatos eran derechos **anteriores** al Estado, los de esta nueva época son derechos **contra** el Estado.

Los primeros representantes de la llamada por antonomasia **escuela del Derecho natural**, iniciada con GROCIO, anuncian ya la transformación del antiguo Derecho natural de base teológica y ética, de naturaleza consiguientemente objetiva, convirtiéndolo en el iusnaturalismo de tipo empírico de GROCIO y HOBBES. Los que les siguieron, a través de la filosofía anglo-francesa de la Ilustración, fundaron ya abiertamente el Derecho natural racionalista y subjetivista (el que podemos llamar **racionalismo subjetivo puro**), que unido a los puntos de vista del individualismo dio paso a la teoría de los derechos del hombre de exaltado sentido subjetivo y político.

Fue LOCKE uno de los primeros corifeos de este individualismo, orientado a la limitación de los poderes del Estado. «Inglaterra —comenta el Profesor de Ginebra DU PASQUIER— es la tierra clásica del individualismo. Desde la Edad Media, sus barones, por la Gran Carta y otros actos, se habían esforzado en limitar los poderes del Rey; más tarde, el movimiento puritano y las revoluciones de 1648 y 1688 habían levantado barerras para proteger a los individuos contra la arbitrariedad de los Gobiernos. Estaba así reservado a Inglaterra el formular por la pluma de LOCKE la primera teoría filosófica de los derechos del hombre, en su **Traité du gouvernement civil,** aparecido en 1690» (1).

Poco después, MONTESQUIEU, en su **Esprit des lois,** del año 1748, hace una apología de la libertad, e inspirándose en las instituciones inglesas formula la teoría de los medios que la garantizan contra la arbitrariedad de los gobernantes. Y ROUSSEAU, en **Le contrat social,** del 1762, edifica todo el orden jurídico y político sobre el principio de la libertad inalineable. Téngase en cuenta, sin embargo, que la doctrina del pacto social, aun cuando al construir al Estado sobre la base de la «voluntad general, de los ciudadanos», reserva a éstos su derecho natural, «del que deben gozar en su cualidad de hombres» y que no han podido enajenar en favor del Estado, es la ley, como expresión de esa voluntad general, que no puede equivocarse, la que ha de discernir las aplicaciones de aquella reserva. Como aduce el propio DU PASQUIER, esta restricción «quita todo valor práctico a la concesión que había hecho ROUSSEAU al liberalismo: el absolutismo democrático germina en esta construcción y explica también el **fetichismo de la ley** bajo el que ha vivido el siglo XIX» (2).

KANT, finalmente, corona en el puro campo filosófico la dirección del racionalismo subjetivo, con su concepción del Derecho como una forma racional que tiene por objeto la libertad. Ciertamente, la filosofía kantiana es personalista; da extraordinario relieve al principio de la preeminencia y dignidad de la persona humana; proclama, más que la existencia de los derechos humanos, la de un único derecho natural de la personalidad, el de libertad, que compendia y resume todos los demás derechos innatos del hombre. Mas pre-

---

(1) Claude DU PASQUIER: **Introduction à la théorie générale et à la philosophie du Droit,** 3.ª ed., Neuchatel-París, 1948, núm. 232, pág. 223.

(2) Ibidem, núm. 234, págs. 225 y sig.

cisamente por ello y por la fundamentación rabiosamente racionalista, subjetivista o individualista que da a ese derecho de libertad, se hace muy difícil dotar al mismo de un contenido de justicia. Pese a su apariencia iusnaturalista, el sistema de KANT, en su sublimación del hombre, le lleva por encima de la misma naturaleza. El orden del Derecho, en la doctrina kantiana, no pasa de ser una creación de la razón humana, de mero sentido formal y logicista.

Como consecuencia de todo lo expuesto, la concepción de esta época se ve reflejada en la denominación que reciben los derechos humanos, como **derechos individuales y derechos del hombre y del ciudadano.** Ambos títulos tienen la misma explicación. El reconocimiento de tales derechos significaba la protección del hombre, individualmente considerado, frente a un Estado que de un lado era omnipotente y de otro se estimaba como un obstáculo para la espontánea actividad del hombre. «En el pensamiento jurídico-político de la Ilustración —dice CERDA MEDINA— no cabían sino dos términos en constante antagonismo: el individuo y el Estado» (1).

En el plano jurídico-positivo y constitucional, esta doble concepción, filosófica y política, de los derechos humanos, plasmó en las **Declaraciones de derechos** propias de esta época y de las que luego nos ocuparemos. Llevan consigo tales Declaraciones la aspiración a dar efectividad a los antiguos derechos naturales, a través del reconocimiento y sanción que se les concediese en Asambleas públicas o Constituciones políticas. «En todas ellas —comenta el Profesor CORTS GRAU— cabe reconocer un vestigio iusnaturalista: la conciencia de ciertas prerrogativas personales que ha de respetar y no puede absorber el poder del Estado... Pero el espíritu de estas Declaraciones no es el del iusnaturalismo clásico, sino el de la Reforma y el de la Ilustración» (2). Se interpretaba ahora, en efecto, la Ley natural con un sentido racionalista. Se for-

---

(1) **Actuales tendencias en materia de garantías constitucionales**, en **Revista de Derecho y Ciencias Sociales**, Universidad de Concepción (Chile), octubre-diciembre de 1962, pág. 30.

(2) **Curso de Derecho natural**, cit., pág. 237.

mulaban los derechos humanos de una manera absoluta y con pretensiones de plenitud. Tenían estas Declaraciones un fondo individualista y una significación, más política que jurídica, de reacción, prevención y garantía contra la autoridad del Estado.

D. **Debilitamiento del concepto de los derechos humanos en las teorías positivistas del siglo XIX.**—El positivismo del siglo XIX, del que hemos hablado en anteriores trabajos (1), marca un paréntesis en la consideración filosófica de los derechos humanos. Rechazado el Derecho natural, quedan estos derechos desprovistos de toda base racional y fija. «La concepción del Derecho público europeo —escribe SANCHEZ AGESTA— trata de encajar todos estos derechos en el ordenamiento jurídico positivo, como derechos públicos subjetivos» (2). Los antiguos derechos naturales del individuo eran incompatibles con la soberanía y los derechos del Estado. Tuvo JELLINEK, para admitirlos, que utilizar la tesis de la autolimitación por el propio Estado de sus potestades, y aun así estos derechos públicos subjetivos, más que derechos del hombre o de la persona eran derechos del individuo como miembro del Estado (3).

E. **La restauración del concepto filosófico y ético de los derechos humanos. Teorías actuales del iusnaturalismo renacido, el personalismo y el humanismo jurídico.**—a) **Consideración general.**—En los finales del siglo XIX y sobre todo en el siglo XX, se presencia una fuerte decadencia de la filosofía empirista y formalista que había imperado durante casi todo aquel siglo, y un movimiento espiritualista y ético que, en los

---

(1) Véanse **Las diversas escuelas Jurídicas y el concepto del Derecho**, sep. de la **Revista General de Legislación y Jurisprudencia**, Madrid, Reus, 1947, páginas 821 y sigs., y **La idea de justicia (Su trayectoria doctrinal y la problemática de sus contenidos)**, sep. de la misma **Revista**, Madrid, Reus, 1968, págs. 85 y siguientes.

(2) **Lecciones de Derecho político**, ed. cit., pág. 560.

(3) V. JELLINEK: **Sistema dei diritti pubblici subiettivi**, ed. cit., págs. 57 y siguientes.

dominios del Derecho, plasmó en una restauración del iusnaturalismo tradicional, aunque adaptado a las exigencias del pensamiento contemporáneo y con una tendencia fuertemente restrictiva en cuanto al ámbito y contenido del Derecho natural (1).

El ambiente doctrinal era, así, favorable a la reconsideración de los derechos humanos. Pero el tema de los mismos ha adquirido su mayor importancia y difusión después de la última guerra mundial. Se había combatido en ella, invocando el Derecho y para asegurar al hombre mayores libertades. Era, pues, lógico que al finalizar esta gran guerra se plantease como problema candente el de los derechos fundamentales del hombre, con vistas a un orden social y jurídico más elevado y efectivo. Este tema y problema de los derechos del hombre había de ser replanteado, tanto o más que en el terreno político, en el filosófico. Y así la filosofía del Derecho ha podido ofrecer a los derechos humanos sus soportes morales, a través de un fuerte movimiento de superación del positivismo jurídico, en el que ocupan un lugar muy destacado la restauración del iusnaturalismo clásico y la exaltación de los valores de la persona humana patrocinada por las direcciones actuales del humanismo y el personalismo jurídico.

b) **El iusnaturalismo actual.**—Hemos hablado de él en ocasiones próximas (2) y no podemos ahora reconsiderarlo. Bástanos con indicar que la doctrina de hoy tiende a contemplar el Derecho natural en una dimensión reducida, como esfera de los derechos y deberes fundamentales de la persona. Dice así Helmut COING que el núcleo del iusnaturalismo moderno son los derechos del hombre (3). Extensa es la literatura actual que relaciona ambos conceptos; pero es de destacar el libro de Johannes MESSNER, que hace un estudio detenido y muy meritorio de los derechos humanos en su derivación del Derecho natural, aunque sin desconocer que depen-

---

(1) Puede verse nuestro citado estudio sobre **La idea de justciia (Su trayectoria doctrinal y la problemática de sus contenidos)**, especialmente en sus páginas 98 a 106.

(2) V. también nuestro repetido estudio **La idea de justicia**, págs. 98 a 109.

(3) **Fundamentos de Filosofía del Derecho**, ed. cit., págs. 162 y sigs.

den también, en su desenvolvimiento y aplicación, de los Derechos positivos (1).

c) **El personalismo.** — La doctrina filosófico-jurídica del personalismo —que sustituye hoy a las viejas direcciones del subjetivismo intransigente (el **racionalismo subjetivo** puro de ROUSSEAU y KANT) y del **individualismo liberal**— hunde sus raíces en el Cristianismo, que afirmó el valor del hombre como ser de fines absolutos, exaltando el principio, básico para el Derecho, de la dignidad de la persona humana. Pero la formulación de esta doctrina, con los rasgos que hoy la caracterizan, es bastante reciente. En Alemania ha sido expuesta por aquellos autores que, como LASK y RADBRUCH, buscando el entroque de la filosofía jurídica con la concepción del mundo, han hecho notar la contraposición de las dos grandes direcciones doctrinales, personalista y transpersonalista. En la doctrina francesa, el movimiento en favor del personalismo, sobre la base de la distinción entre individuo y persona, ha sido impulsado, entre otros escritores, por MOUNIER, MARITAIN, REYNOLD y DENIS DE ROUGEMONT. En Rusia ha sido sostenida la idea personalista por el filosófo (muerto en París en 1948) Nicolás BERDIAEFF (2). Aparte de estos directos enfoques personalistas, el tema de la persona es fundamental para las más diversas escuelas filosóficas de nuestro tiempo. Piénsese, por ejemplo, en la teoría de los valores, con significado ético, de Max SCHELER y Nicolai HARTMANN y en el pensamiento existencialista de KIERKEGAARD y HEIDEGGER.

Con orientaciones y matices tan diferentes, el personalismo de hoy significa una notable rectificación y superación del individualismo atómico del siglo pasado. Coincidentemente, todas sus formas buscan la necesaria conciliación entre el aspecto individual y el aspecto social de la persona. Como ha dicho recientemente el Profesor HERNANDEZ-GIL, «el ser persona muestra el **yo** en presencia e interdependencia de los otros... Lo personal incorpora de suyo una vocación social...

(1) **Etica social**, ed. cit., especialmente págs. 508 y sigs.

(2) Véanse las oportunas citas en mi estudio **Humanismo y Derecho**, Madrid, Reus, 1962, pág. 84.

La difícil armonía entre el ser en sí y el no poder ser exclusivamente por y para sí: he aquí el eterno problema de la personalidad. La persona con integración de la singularidad y la sociedad es la preocupación básica del neotomismo abierto de MARITAIN y el existencialismo» (1).

Es, en suma, un gran acierto de la doctrina actual haber dado relieve a una concepción personalista, cuidadosamente diferenciada de la teoría individualista y que es compatible con la idea comunitaria, cuyas exigencias recoge plenamente. Como afirma LEGAZ, el personalismo abandona el dualismo individuo-Estado y sigue una dirección pluralista y orgánica. La persona **vive en sociedad** y sobre todo **en comunidad.** Y precisamente la comunidad es la forma normal de la vida moral de la persona. «En la comunidad, en las distintas comunidades de vida, es donde desenvuelve la persona la plenitud de su vida ética, en sus más variadas manifestaciones» (2).

Ahora bien: el sector doctrinal que da al personalismo más claramente su pleno dignificado ético es el del **personalismo cristiano,** que, en definitiva, se identifica con el humanismo cristiano, del que vamos a hablar en seguida. Hay en este personalismo una espléndida base para la configuración de los derechos humanos con el sentido armónico y social que reclaman las necesidades de la vida actual.

d) **El humanismo.**—Tiene el humanismo antecedentes, a partir de Grecia, en casi todas las épocas de la historia del mundo occidental (3), más en su significado actual es una creación muy moderna, vinculada especialmente al Renacimiento europeo y generalizada y difundida a partir del siglo XIX (4). Especialmente, al desenlace de la segunda guerra

---

(1) **Perspectiva sociológico-jurídica de la persona** (Conferencia pronunciada en el Instituto Nacional de Estudios Jurídicos), Madrid, 1968, pág. 13.

(2) LEGAZ: **Contrato y persona,** en la **Revista de Derecho Privado,** 1940, páginas 90 y 98.

(3) V. nuestro estudio **Humanismo y Derecho,** cit., págs. 19 y sigs.

(4) V. FUEYO ALVAREZ: **Humanismo europeo y humanismo marxista,** Madrid, 1957, págs. 11 y sig., trabajo incluido ahora en el volumen **La mentalidad moderna,** Madrid, Instituto de Estudios Políticos, 1967, págs. 329 y sigs.

mundial es cuando el humanismo se erige en concepto casi universalmente aceptado, común a las más diversas y contradictorias posiciones del pensamiento.

Con verdad dice MESSNER que los diversos sistemas de la teoría del hombre se presentan hoy bajo la forma de un humanismo (1). En realidad, pues, es la etiqueta, el nombre, lo que da unidad a doctrinas esencialmente diferentes. Más bien que un humanismo que esté en pugna con otros sistemas, parece haber una serie de humanismos que luchan entre sí. Se ha podido hablar del **conflicto actual de los humanismos** (2) MESSNER distingue un humanismo **cristiano** (que constituye la teoría tradicional del Derecho natural desde San Agustín) y un humanismo **naturalista** (que explica la naturaleza del hombre, sin aceptar otra cualidad que la que puede ser objeto de experiencia) y dentro de este último señala las siguientes modalidades: a) Humanismo **racionalista.** b) Humanismo **científico.** c) Humanismo del **materialismo dialéctico.** d) Humanismo **psicoanalítico.** e) Humanismo del **behaviorismo.** f) Humanismo del **evolucionismo biológico.** g) Humanismo **neopositivista.** h) Humanismo **existencialista.** i) Humanismo **idealista** (3).

Se precisaría, pues, sobre la base de un concepto adecuado del humanismo, hacer un deslinde entre los auténticos y los falsos humanismos. En este momento hemos de limitarnos a recordar que si el humanismo ha de ser caracterizado como doctrina que afirma y exalta el valor hombre y el despliegue o desarrollo de la personalidad (4), el que ahora se llama humanismo cristiano —que no es otra cosa que el iusnaturalismo clásico o, lo que es lo mismo, la teoría tradi-

---

(1) **Etica social,** cit., pág. 16.

(2) Véase, en efecto, el libro del P. ETCHEVERRY, S. J.: **Le conflict actuel des humanismes,** Paris, 1955, y entre otros muchos más actuales, el de George USCATESCU, **Proceso al humanismo,** Madrid, Ediciones Guadarrama, 1968.

(3) MESSNER: **Etica social, política y económica a la luz del Derecho natural,** cit., págs. 16 a 27. Véase también sobre las principales concepciones que se titulan humanísticas, nuestro citado trabajo **Humanismo y Derecho,** especialmente págs. 55 a 73.

(4) V. nuestro repetido libro **Humanismo y Derecho,** págs. 12 a 16, y GOLDSCHMIDT: **Introducción al Derecho,** 3.ª ed. cit., pág. 411.

cional del hombre y de la sociedad, que tiene como grandes luminares a San Agustín y Santo Tomás de Aquino y que cuenta hoy con tan extensa literatura (1)— se ajusta perfectamente a su concepto, por ser integral, espiritual y social, por estar fundado en la consideración de la naturaleza humana, entendida en su realidad plena. Así, al ser **integral** y **armónico** este humanismo busca el desarrollo del hombre en todas sus dimensiones y, por consiguiente, en las espirituales, y dentro de ellas, en la conexión con Dios; y al ser **social** acierta a conjugar las ideas de personalidad y comunidad.

Por otra parte, este humanismo es el que se acomoda a la tradición filosófica española y a nuestro pensamiento actual. «En general, se puede afirmar —indica RECASENS SICHES— que la filosofía jurídica y política actual española se encuentra bajo el signo inequívoco de un humanismo cristiano» (2).

F. **El humanismo en el magisterio de la Iglesia católica durante los últimos años.**—La doctrina de la Iglesia ha seguido siempre una línea de sano y cristiano humanismo. Con León XIII alcanzó ya este humanismo un gran relieve, sobre todo con referencia a los derechos de orden laboral. Pero es en esta última etapa, la de los Pontífices Pío XII, Juan XXIII y Pablo VI, en la que el magisterio pontificio ha venido a ser más destacadamente expresión de una honda

---

(1) V. la bibliografía que citamos en nuestra referida obra **Humanismo y Derecho.** Con posterioridad a ella se han ocupado del humanismo cristiano, entre otros autores, ALVAREZ ROMERO (Carlos J.): **Humanismo jurídico cristiano,** Madrid, Consejo Superior de Investigaciones Científicas, 1964; LEGAZ: **El humanismo y sus implicaciones jurídico-sociales** (Discurso inagural del curso 1966-67 en la Real Academia de Ciencias Morales y Políticas), Madrid, 1966; ABRIL CASTELLO: **El personalismo político como sistema jurídico y social cristiano,** en **Arbor,** núm. de mayo de 1966; CORTS GRAU: **Los humanismos y el hombre,** Madrid, 1967, y FERNANDEZ-GALIANO: **El humanismo en la doctrina de la Iglesia,** en **Revista de la Facultad de Derecho de la Universidad de Madrid,** núm. 28, 1967.

(2) **Panorama del pensamiento jurídico en el siglo XX,** México, Porrúa, 1963, t. I, pág. 347.

preocupación humanista. Es la nuestra, por desgracia, y como advierte RUIZ-GIMENEZ, «la hora en que se palpa la hipertrofia del poder, la anulación práctica de los derechos fundamentales del hombre, el aplastamiento de la persona por la máquina social o por el Estado» (1). Es, pues, lógico que los Pontífices, sin cambiar los principios universales y permanentes de la doctrina de la Iglesia, se hayan fijado con más insistencia en las aplicaciones de los mismos que requieren los momentos actuales para salvar a la persona humana y sus derechos.

Como muy bien puntualiza FERNANDEZ-GALIANO, «el tema del hombre y sus derechos naturales ha constituído preocupación preferente desde Pío XII; se acentúa en Juan XXIII y Pablo VI, y se hace centro de la Constitución **Gaudium et spes,** una de las de mayor resonancia del Concilio Vaticano II». La postura humanista adoptada por los tres últimos Pontífices y por el Concilio es consecuencia de su profundo y sereno —y, por supuesto, realista— análisis de los hechos que caracterizan el momento presente, para oponer a los mismos las adecuadas soluciones, que han de ser soluciones de justicia (2). El Concilio Ecuménico Vaticano II, que en su primera parte, capítulos I y II, al referirse a los criterios fundamentales para levantar el edificio de la sociedad de hoy, trata, en primer lugar, de la dignidad de la persona humana y el respeto debido a la misma, declara concretamente que «aunque existen diversidades justas entre los hombres, sin embargo, la igual dignidad de la persona exige que se llegue a una situación social más humana y más justa» (3).

---

(1) **Presentación, sinopsis y notas de la Encíclina «Pacem in Terris»** Madrid, Epesa, 1963, pág. 12.

(2) Antonio FERNANDEZ-GALIANO: **El humanismo en la doctrina de la Iglesia durante los últimos veinticinco años,** loc. cit., págs. 88 y 92.

(3) **Concilio Vaticano II** (Constituciones, decretos, declaraciones, documentos pontificios complementarios), 2.ª ed., Madrid, Biblioteca de Autores Cristianos, 1966, págs. 223 y sigs., y especialmente 247 y sig.

Es curioso, por lo demás, que las enseñanzas pontificias y las del Concilio Vaticano II estén de acuerdo, en lo más esencial, con la doctrina de los teólogos españoles del siglo XVI (1).

2. Los principios básicos normativos de los derechos humanos

A. **Indicación general.**—Los dos principios de libertad e igualdad fueron los que presidieron la famosa Declaración francesa de derechos humanos de 1789. Su artículo 1.º establecía que «los hombres nacen y viven libres e iguales en derechos». Y en general, el régimen de la regulación de los derechos esenciales humanos en las Constituciones modernas ha estado basado en el reconocimiento de esos principios de libertad e igualdad: primeramente, con predominio de la libertad; después, concediendo una gran consideración a la igualdad, para evitar las graves injusticias sociales que el liberalismo jurídico, en el plano de las relaciones económicas, llevaba consigo.

El artículo 1.º de la Declaración Universal de Derechos Humanos de 1948 dispone que «todos los seres humanos nacen libres e iguales en dignidad y derechos y, dotados como están de razón y conciencia, deben comportarse fraternalmente los unos con los otros». Este texto —que no deja de acusar un cierto acento iusnaturalista, al aludir a conceptos tales como los de dignidad, razón y conciencia— parece destinado principalmente a señalar los grandes principios que sirven de soporte a los derechos humanos, considerando como tales los tres clásicos de la Revolución francesa: el de libertad, el de igualdad y el de fraternidad. Mas como este últi-

---

(1) Véase P. Venancio CARRO: **La Encíclica «Pacem in Terris» y los teólogos juristas españoles del siglo XVI**, en **Anales de la Real Academia de Ciencias Morales y Políticas**, 1964, págs. 97 y sigs.

mo se nos muestra más que como un derecho, como un deber (el de comportarse fraternalmente unos hombres con otros), quedan sólo como principios reguladores de los derechos humanos los de libertad e igualdad.

Por nuestra parte estimamos, de acuerdo con la doctrina filosófica tradicional y todavía muy actual, que esos principios de libertad e igualdad no son —como vamos a ver— los únicos ni los más capitales que han de servir de base a la regulación de los derechos humanos. Las nociones de libertad e igualdad son dependientes de la idea de justicia. Como muy bien ha dicho el profesor RUIZ DEL CASTILLO, «igualdad y libertad están superadas por el ideal de la justicia que, al proyectarse en ellas, llena de significación esas ideas que, de otro modo, serían inexplicables» (1). A su vez, la justicia está vinculada a un valor central y primario para el Derecho: la consideración del hombre como persona o, lo que es lo mismo, la dignidad de la persona humana.

B. **Los postulados de libertad e igualdad.**—a) **La libertad: sus acepciones, significación y límites.** — Es la libertad una idea complicada y polifacética. Puede hablarse de una libertad metafísica, una libertad jurídica, una libertad política, una libertad económica, una libertad civil o de Derecho privado..., y cada una de estas modalidades suscita distintas cuestiones.

De gran interés es el problema **filosófico** de la libertad, estudiado con metodologías y puntos de vista muy diversos. «Ningún filósofo de importancia —nos dice el profesor MANTILLA PINEDA— ha pasado por alto el problema de la libertad. PLATON y ARISTOTELES, los estoicos y SAN AGUSTIN, el Aquinatense y KANT, HEGEL y BERGSON, HEIDEGGER y Nicolás HARTMANN, lo prueban de manera satisfactoria. Toda filosofía ha resuelto a su modo el problema de la libertad. Hay filosofías que lo han resuelto negativamente y hay también filosofías que lo han resuelto afirmativamente. El estoicismo,

(1) Carlos RUIZ DEL CASTILLO, **Manuel de Derecho político.** Madrid, Instituto Editorial Reus, 1939, pág. 344.

el panteísmo, el materialismo, el positivismo, son filosofías negativas de la libertad. El aristotelismo, el agustinismo, el tomismo, el kantismo, el existencialismo, la ética de los valores, son filosofías afirmativas de la libertad.» Y la investigación en esta materia se ha realizado a través de diferentes disciplinas filosóficas: la Ontología, la Psicología, la Etica. «Las investigaciones de la libertad en el pasado fueron hechas de preferencia en la psicología y la ética, y en el presente en la ontología. Las investigaciones de la libertad de ARISTOTELES, SAN AGUSTIN y SANTO TOMAS DE AQUINO son esencialmente psicológicas; las de KANT y los neo-kantianos, éticas y las de HEIDEGER, LAVELLE, HARTMANN, etc., ontológicas. La psicología de la libertad puede ser deductiva como en el Peripatético y el Aquinatense, o intuitiva como en SAN AGUSTIN. La libertad como experiencia íntima es un dato evidente por sí mismo e irrefutable...» (1).

Pero la que ahora nos interesa es la libertad en sentido **jurídico**, como poder o facultad de obrar, fundado en la misma naturaleza del hombre, como necesario para el cumplimiento de sus fines, y reconocido por el Derecho en su regulación del orden de las relaciones sociales. Tiene esta libertad significación distinta a la de la libertad metafísica o **natural**, aunque no sea extraña a esta última e independiente de ella.

La libertad es inseparable de la persona humana y, consiguientemente, del Derecho. Sin libertad personal es inconcebible un ordenamiento jurídico, cual lo serían también las ideas éticas del bien y del mal. Como expone LEGAZ LACAMBRA, «la libertad pertenece esencialmente a la persona. No hay existencia humana, no hay existencia personal donde falta la libertad, la cual se halla en la misma raíz metafísica de la vida... El Derecho recorta la superficie de la libertad existencial y devuelve como recompensa la libertad jurídica de las personas... En cuanto forma social de vida, el Dere-

---

(1) Benigno MANTILLA PINEDA, **Filosofía del Derecho**, cit., págs., 394 y siguientes.

cho es la libertad jurídica. Pero la libertad jurídica es libertad organizada, precisada, recortada» (1).

Así, esta libertad jurídica, de papel tan capital en el Derecho, suscita abundantes problemas técnicos e incluso ha tenido significados diferentes en las diversas épocas históricas. El liberalismo pensaba en una libertad abstracta y amorfa, pretendidamente absoluta. Pero lo cierto es que la actuación, el ejercicio de la libertad están ligados siempre a premisas que le dan una significación muy relativa. En primer lugar, la libertad presupone fines humanos que se hayan de lograr mediante ella. «La libertad —dice CORTS GRAU— mantiene un sentido y un nervio teleológico que condiciona en todo caso su ejercicio» (2). Además, la libertad se ha de conciliar con el orden, a través de las convenientes normas, que presuponen una autoridad que las dicte y las mantenga. Así, el ejercicio de la libertad requiere una serie de instituciones sociales y jurídicas que preparen el clima en el que esa libertad pueda desenvolverse. En definitiva, la libertad jurídica no puede tener un alcance absoluto. Su contenido y extensión están condicionados por factores múltiples y muy variables.

Se explica, pues, que siempre haya sido empeño difícil para la Humanidad, y lo sea muy acusadamente en los momentos actuales, coordinar el reconocimiento de la libertad con el de los límites inextricables, extrínsecos e intrínsecos, dentro de los que la libertad ha de actuar, en el mundo de la conciencia y en el de las realidades sociales y políticas. «La libertad —ha dicho recientemente un brillante escritor ya muy vinculado a nuestra patria y a nuestra cultura— vive hoy una de sus más patéticas aventuras» (3). Y en efecto: el eterno drama de la libertad se agudiza cada vez más. Todo conspira contra ella; desde el actual clima de violencia que la desacredita, hasta los excesos de la socialización y del to-

---

(1) **Filosofía del Derecho**, 2.ª ed., cit., págs. 736 a 738.

(2) **Curso de Derecho Natural**. Madrid, 1953, pág. 266.

(3) George USCATESCU, **Aventura de la libertad**. Madrid, Instituto de Estudios Políticos, 1966, pág. 9.

talitarismo estatal (aunque se disimule éste con la máscara de las que se llaman **democracias populares**) que están a punto de ahogar la autonomía individual.

b) **La igualdad jurídica: sus aspectos, sus contradicciones y la fórmula de superación de las mismas.**—Análogamente a lo que sucede con el postulado de libertad, rodean al de igualdad una serie de contradicciones internas y condicionamientos externos que le dan un sentido de muy marcada relatividad.

El principio de igualdad tiene, ciertamente, una base natural: todos los hombres pueden alardear de una igualdad de naturaleza y, en consecuencia, de un idéntico valor humano. Pero, al propio tiempo, la naturaleza misma dota muy desigualmente a los individuos, creando entre ellos señaladas desigualdades que luego, las más diversas circunstancias de la vida, se encargan de acentuar. La igualdad **jurídica** no puede ser igualdad **abstracta,** porque esta cualidad estaría reñida con las diferencias que se dan en los hombres por razón de sus diversas condiciones personales y de las distintas circunstancias en las que su vida y su actividad se desenvuelven. La rigurosa igualdad homogeneizadora que ciertas ideologías políticas propugnan, con proscripción de las minorías rectoras y de la idea de jerarquía, no puede menos de producir una organización social imperfecta. «Jerarquía y democracia —se ha dicho certeramente— no son incompatibles» (1).

A juicio del profesor MESSNER, la igualdad **jurídica** y **social** que tiene viabilidad posible y está de acuerdo con la naturaleza moral humana, con la justicia y con el respeto debido a los derechos del hombre, es aquella que significa «la igualdad de todos ante la ley, con garantía de los mismos derechos fundamentales civiles y políticos..., la igualdad proporcional en la participación de todos los grupos en los bienes culturales, materiales y espirituales que resulten de la cooperación social..., la igualdad de todos los miembros de la sociedad para participar en la responsabilidad y en la

(1) Carlos RUIZ DEL CASTILLO, **Manual de Derecho político,** cit., pág. 350.

toma de decisiones en la Administración de la comunidad, que garantice los fines del bien común...» (1).

Y sin embargo, como advierte el maestro DEL VECCHIO, fórmulas tan repetidas como la de que «todos los ciudadanos son iguales ante la ley» tienen un valor muy limitado, y la aplicación de la igualdad suscita difíciles problemas, ya que la justicia exige que, «admitida la igualdad fundamental, se consideren también las diferencias fundadas en la capacidad y en la conducta de los diversos individuos»; y en este terreno, las legislaciones no pueden menos de admitir distinciones que implican excepciones a la primordial igualdad, tanto en la esfera del Derecho privado como en la del Derecho público e incluso también en el ámbito internacional. La actual Organización de las Naciones Unidas —añade el Rector **emeritus** de la Universidad de Roma— tiene a este respecto graves defectos: de un lado otorga la igualdad a todas las naciones (incluso aquellas de escasa población y cultura o que carecen de ordenamientos jurídicos que garanticen el respeto de los derechos humanos), mientras que de otra parte concede importantes privilegios a cinco Estados, poniendo a los otros en condiciones de inferioridad grave y permanente (2).

De todos modos, y en términos muy generales, puede ser superada en buena parte, dentro de la esfera jurídica, la pugna entre las ideas de igualdad y desigualdad. Hay esferas básicas, como la del reconocimiento de la dignidad humana y de sus derechos naturales y esenciales, en las que ha de prevalecer el principio de igualdad, que aquí se funde con el de libertad. El Estado debe garantizar por igual a todos los hombres la protección de ciertos intereses fundamentales y aquel mínimo de vida que es inseparable de la dignidad humana. Por el contrario, hay otros aspectos —los que en-

---

(1) **Etica social**, cit., pág. 515.

(2) Véanse estas y otras muy intresantes apreciaciones del profesor DEL VECCHIO en su artículo **Igualdad y desigualdad frente a la justicia,** inserto en el volumen **Aspectos y problemas del Derecho.** Madrid, Epesa, 1967, págs. 213 y siguientes, que contiene asimismo, en la pág. 230, amplia bibliografía sobre la idea de igualdad en relación con el Derecho.

focan al ser humano en sus actividades y en sus funciones, con condiciones personales muy diversas y en circunstancias también muy diferentes— en los que tiene que predominar un principio de desigualdad. Esta desigualdad será, por lo general, mera aplicación de la idea de justicia. La noción de igualdad está, en efecto, muy relacionada con la de justicia, tal como la concibiera ARISTOTELES y ha sido incorporada a la cultura jurídica del mundo occidental. Justicia significa igualdad; no tratamiento igual de todos los hombres y de todos los hechos que se producen en el círculo de sus relaciones, sino aplicación de una medida igual (**proporcionalidad**). Así, la justicia, sobre todo en su modalidad de justicia distributiva, supone exigir de cada uno lo que consientan sus medios y posibilidades y conceder a cada cual lo que corresponda a sus méritos y aportaciones.

La igualdad **efectiva** —social y económica— sólo puede ser conseguida en aspectos muy limitados. No obstante, el Estado y el Derecho han de aspirar a ella en cuanto sea justo y posible. Ello exige, especialmente, una política niveladora que, por vía más o menos directa, removiendo los obstáculos que se oponen al pleno desarrollo de la personalidad en las clases populares, vaya abriendo a todos los estratos sociales los bienes de la cultura y de la seguridad económica. Deben las leyes, hoy, huir de distinciones y discriminaciones arbitrarias, injustas u hostiles contra determinadas categorías de personas. Y han de conceder a todos los hombres la mayor participación posible en las funciones estatales no con un criterio —que sería funesto— de inexistencia de jerarquías y obligadas prerrogativas, sino mediante la supresión de privilegios arbitrarios y el establecimiento de condiciones favorables —criterio de igualdad de oportunidades— para que no se cierren a nadie las vías de acceso a las funciones directivas y a las culturales.

c) **Conexiones teóricas y rutas históricas separadas de las ideas de libertad e igualdad.**—Libertad e igualdad —como indica RUIZ DEL CASTILLO— «tienen conexiones innegables porque se apoyan en un supuesto común: el de la naturaleza, libre en cada hombre e igual en todos los hombres. Es la idea de igualdad, así entendida, una consecuencia de la unidad de la especie humana» (1). Así, las ideas de que se trata no se excluyen y, en cierto modo, se complementan. Si la libertad —dice el mismo ilustre profesor— «requiere una dirección interior que le aporte límites y cauces, la igualdad interviene para corregir las desviaciones de la libertad; aparece prácticamente como la libertad de todos los demás hombres frente a la libertad de uno solo» (2).

Dentro de estos nexos, igualdad y libertad se desenvuelven, en el complejo de las relaciones sociales, adaptándose a las circunstancias y al clima histórico de cada época, que dan a cada una de estas ideas matices propios a través de una evolución diferenciada. No siempre han seguido libertad e igualdad un ritmo paralelo ni han sido de fácil coordinación.

Así se explica que hayan dado lugar aquellas ideas a tendencias doctrinales muy divergentes. La libertad ha sido la idea informadora del individualismo y el liberalismo, mientras que la igualdad ha sido el principio inspirador de la democracia y del socialismo. La realidad misma nos muestra que el intento de conseguir una igualdad política y económica lleva consigo casi siempre el sacrificio de la libertad.

En las combinaciones histórico-evolutivas de los principios de libertad e igualdad ha habido, en efecto, épocas pasadas en que ha tenido predominio el de libertad, contemplado desde su ángulo político, mientras que en la época actual parece ganar terreno el de igualdad, sobre todo en sus implicaciones económico-sociales. «La libertad —escribe el profesor colombiano MANTILLA PINEDA— era el señuelo de las luchas políticas de los siglos XVIII y XIX. Hoy lo es la igualdad. En aquellos tiempos se imponía la libertad para elevar a la categoría de personas a millones de millones de siervos y esclavos privados de los más elementales derechos individuales. Ahora se impone la igualdad para redimir de la miseria a millones de millones de proletarios» (1).

---

(1) **Manual de Derecho político** cit., pág. **342**.
(2) Ibidem, pág. 343.
(1) **Filosofía del Derecho,** cit., pág. 399.

Y no puede pensarse que, en los momentos actuales, sea idéntica la combinación de los dogmas de libertad e igualdad en todos los pueblos y regímenes. Se observa, así, que en los sistemas de tipo o aspiración comunista —llamados a veces, aunque en términos impropios, de democrocia marxista— como consecuencia de su actual fase de radical violencia, alcanza indudable predominio el principio de igualdad, aunque se afirme que libertad e igualdad se conciliarán en una futura fase de realización plenamente comunista, sobre el supuesto —seguramente más ilusorio que científico— de que la verdadera **libertad** ha de alcanzarse sólo después de la estrangulación del capitalismo, mediante una absoluta **igualdad económico-social.** De modo diferente, en los actuales Estados democráticos, la combinación de los principios de referencia tiene lugar sobre la base de la primacía del principio de libertad. Se tiende en ellos a respetar la **libertad** de todos —de aquí la importancia que se concede a la proclamación y garantía de los derechos humanos— aunque sometiendo esa libertad a una necesaria ponderación mediante una creciente extensión de la **igualdad** a cada vez mayores sectores sociales (1).

Es testimonio claro de la extraordinaria importancia que la aspiración a la igualdad tiene hoy en el ámbito mundial, la pujante actividad de las Naciones Unidas en la lucha con-

---

(1) Estudiando el profesor de Pavía, BISCARETTI, las características de la forma de estado que llama **democracia clásica** u **occidental,** nos dice que los principios jurídicos que le sirven de base son combinadamente éstos: «la **libertad** (la cual, apoyándose en la dignidad eminente de la persona humana, considera al individuo como valor político absolutamente predominante) y la **igualdad.** Esta última, sin embargo, se subordina siempre al primero, ya que también las **concepciones** más **intervencionistas** (que, superando el liberalismo clásico, han desembocado en el laborismo inglés y en la socialdemocracia y democracia cristiana continentales europeas, tienden a una **democracia social**) admiten una intervención creciente del Estado en la esfera de la libertad del individuo para remover las causas más graves de injusticia social, respetando siempre su ámbito cultural, religioso y moral, y se esfuerzan en no lesionar sus más vitales derechos de autodeterminación (tarea difícil de síntesis armmoniosa uqe constituye el problema más difícil de las democracias contemporáneas, debiéndose detener en aquel **grado de igualdad** que produce la **libertad para todos**)» (**Derecho constitucional,** traducción de P. L. VERDU, cit., pág. 228).

tra las llamadas **discriminaciones**, que se consideran nacidas no de diferencias naturales humanas, sino de convencionalismos arbitrarios o prejuicios tradicionales. Uno de los textos con que va encabezada la Declaración Universal de los Derechos del Hombre, de 1948, es el de su art. 2.º, a cuyo tenor «toda persona tiene todos los derechos y libertades proclamados en esta Declaración, sin distinción alguna de raza, color, sexo, idioma, religión, opinión política o de cualquier otra índole, origen nacional o social, posición económica, nacimiento o cualquier otra condición».

¿Qué nos deparará el porvenir? ¿Podrá ser superada la actual crisis de la libertad? Un escritor recientísimo, partiendo de la base de que «cuanto mayor y más amplia sea la igualdad social, más oscuro y confuso será el panorama de la libertad, ya que, a medida que la sociedad se va haciendo más igualitaria, tiende progresivamente a concentrar el poder absoluto en manos de una sola persona», y tomando en consideración hechos tales como «la gradual extensión de la democracia de masas que termina con la destrucción de la libertad» y las concentraciones de poder que han tenido lugar durante los pasados cincuenta años, especialmente en los Estados Unidos a través de su régimen presidencialista, augura para el mundo futuro la reinstauración del **Cesarismo**, aunque éste será, a su juicio, no una de tantas dictaduras, sino el resultado de una evolución histórica de hondas raíces (1). Pero los datos que sirven de base a esta conclusión son muy limitados en cuanto a tiempo y espacio. Las perspectivas que en orden al futuro nos ofrece el mundo actual son complejas y muy confusas. La Historia y su sentido son un arcano que no permite hacer aventuradas predicciones.

C. **Los principios normativos superiores de los derechos humanos. Valores ético-jurídicos, personales y sociales.**— a) **Indicación preliminar.**—El orden jurídico —del que los

(1) Nos referimos al libro de AMAURY DE RIENCOURT, **Los Césares venideros (Interpretación polemista del destino de América, a la luz de la Historia Universal)**, trad. de J. MEDIAVILLA. Madrid, Instituto de Estudios Políticos, 1968.

derechos fundamentales humanos forman parte capitalísima— está presidido por valores superiores, de contenido ético a la vez que jurídico, que giran en torno a las dos vertientes de la vida del hombre: la íntima, personal o individual y la social o comunitaria.

Se ha dicho que la cuestión de los derechos humanos se nos muestra como el problema de la relación **Hombre-Estado** o como un conflicto entre dos valores: el valor **persona** (expresión ésta que recalca sus dimensiones éticas mejor que la de individuo, ciudadano e incluso hombre) y el valor **Estado,** que es traducción del valor **social o político** y, en definitiva, del **bien común.** Se trata —dice VERDU— del contacto y tal vez colisión «entre los factores individuales de la persona y los sociales del bien común, a través del Estado» (1).

En buena doctrina no hay verdadera oposición, y mucho menos contradicción, entre los valores humanos o individuales y los sociales. Por ser el hombre sociable por naturaleza, ha de existir entre unos y otros una unión estrechísima, una recíproca complementación, siquiera haya de reconocerse la primacía de los primeros en atención al carácter instrumental que, en relación con ellos, revisten los valores sociales y estatales (2).

Sin embargo, la historia, en sus complicados procesos, y las ideologías políticas, con sus matices tan variados y a veces confusos, no siempre han sabido estimar, deslindar y coordinar las dos grandes categorías de valores, representativas de las dos dimensiones en las que la vida humana se desencuelve. Nos limitaremos aquí a brevísimas indicaciones sobre el tema de que se trata, que ya ha sido objeto de nuestra atención en trabajos anteriores.

b) **Los valores personales primarios. Valor y dignidad del hombre.**—El postulado primario del Derecho, y consiguien-

---

(1) Pablo Lucas VERDU, **Derechos individuales,** loc. cit., págs. 37 y siguiente.

(2) Vid. RECASENS, **Tratado general de Filosofía del Derecho,** 2.ª edición. México, Porrúa, 1961, págs. 538 a 540, y nuestro artículo **La relación de rango entre las exigencias sociales de la justicia,** en la **Revista de Derecho Español y Americano,** núm. 18. Madrid, 1968.

temente del reconocimiento de los derechos humanos, es el **valor propio del hombre** como valor superior y absoluto, o lo que es igual, el imperativo de respeto a la persona humana, en cuanto portadora de espíritu, plenamente afirmado por la concepción cristiana del mundo y de la vida, no menos que por las más actuales direcciones de la Filosofía Jurídica. No se concibe el Derecho sin una base de reconocimiento de la personalidad humana. DEL VECCHIO ha escrito que el respeto y protección de la personalidad humana es el elemento constante en la evolución del Derecho y que está implícito en la noción lógica del mismo (1).

El actual ordenamiento jurídico español está basado en el reconocimiento del valor absoluto de la persona humana (2). Y ello no es otra cosa que la renovación de una buena tradición española. El rey Alfonso X el Sabio dijo lapidariamente: «La persona del ome es la más noble cosa del mundo» (3).

Pero entiéndase bien que la posición del hombre en el vértice de los valores humanos no puede significar la negación de otros valores superiores (los de orden divino) ni la exclusión de aquellos que, estando situados en planos inferiores, son muy relevantes y necesarios. Si se exagera la significación y exaltación del valor hombre, con radical separación y eliminación de los demás valores éticos, sociales y políticos, al modo que lo hacía MARX STIRNER (4), caeremos fatalmente en la utopía del anarquismo. Así, la afirmación del valor absoluto de la personalidad humana no lleva consigo el desconocimiento de las comunidades ni la negación del Estado. Lo que hay es que el Estado, frente a la persona humana, ha de tener la consideración de medio, no la de fin. La sociedad es para el hombre; no el hombre para la sociedad.

Va unido inseparablemente al postulado del valor hombre el principio de la **dignidad humana,** de raigambre cristiana

---

(1) **Filosofía del Derecho,** 1.ª ed. española, anotada por RECASENS SICHES, t. I. Barcelona, 1929, págs. 389 y siguiente.

(2) Véanse Fuero de los Españoles, art. 1.º, y Ley de Principios del Movimiento Nacional, V.

(3) Partida VII, tít. I, Ley 26.

(4) Recuérdese su famosa obra **El único y su propiedad**, 1845.

y tan unánimemente reconocido por las modernas escuelas filosóficas y sociales, que coinciden en afirmar que todos los hombres tienen derecho a llevar una vida digna de seres humanos. La Declaración Universal de los Derechos del Hombre, de 1948, como hemos de ver cuando tratemos de ella, parece fundamentar los derechos del hombre en este principio filosófico-jurídico del valor y dignidad de la persona humana, del que se derivan los postulados de libertad, igualdad y fraternidad, así como la justicia y la paz en el mundo (v. «Preámbulo», aps. 1.° y 5.°, confirmados por el artículo 1.°). Y los dos Pactos internacionales de 1966 sobre derechos económicos, sociales y culturales y derechos civiles y políticos, con igual orientación, proclaman (aps. 1.° y 2.°) que los derechos aludidos «se desprenden de la dignidad inherente a la persona humana».

c) **Los valores sociales. Justicia y bien común.**—a') **Referencia general a la teoría de los valores jurídicos.**—Los valores o bienes jurídicos —y a la vez éticos y sociales— son muy numerosos. La doctrina científica actual que desarrolla esta teoría de los valores suele incluir entre ellos el orden, la seguridad, la paz social, el poder (con la autoridad que lleva consigo), la solidaridad, la cooperación, el bien común o utilidad común (1). Pero la opinión, casi unánime hoy, considera a la justicia como el valor jurídico supremo, que preside el plexo axiológico jurídico (2).

b') **La justicia.**—No hemos de abordar aquí el tema de la justicia, muy elaborado por una tradición antiquísima y al que tenemos dedicados ya estudios anteriores de alguna amplitud (3). Bástanos con tener presente: 1.° Que la justicia, desde el punto de vista filosófico, debe ser clasificada en el grupo de los valores puros o absolutos, y desde el punto de vista jurídico, ha de ser considerada como la finalidad pro-

---

(1) Pueden verse, sobre valores jurídicos, los libros y trabajos, entre otros, de Luis RECASENS SICHES, Carlos COSSIO, Miguel HERRERA FIGUEROA y Benigno MANTILLA PINEDA.

(2) V. MANTILLA: **Filosofía del Derecho**, cit., págs. 415 y sigs. y especialmente 427 y sigs.

(3) V., sobre todo, nuestro libro **La idea de justicia (Su trayectoria doctrinal y problemática de sus contenidos)**, cit.

pia y primaria del Derecho. Este tiene siempre por materia o por fin un elemento de justicia. 2.º Que la idea de justicia, según la concepción más actual de ella, armoniza los fines individuales y los fines sociales o comunitarios del Derecho, aunque aceptando como criterio básico el del reconocimiento del valor absoluto de la persona humana.

Es obvio, pues, el papel clave que desempeña la idea de justicia en la especificación y protección de los derechos del hombre. Con razón se ha dicho que el criterio rector del Derecho —y por consiguiente también de los derechos subjetivos más fundamentales— es «el equilibrio entre el orden y la libertad en el seno de la justicia» (1).

c') **El bien común.**—a'') **Importancia de esta noción.**— Destacado es también, en la doctrina de los valores jurídicos y de los fines del Derecho al lado del principio capitalísimo de la justicia, la idea, muy tradicional, del **bien común**, que tiene hoy resonancia y actualidad dentro de importantes sectores filosóficos y guarda indudable conexión con la teoría de los derechos humanos y de sus límites.

Fruto de la más clásica tradición helénico-cristiana, con ARISTOTELES a la cabeza (2), la teoría del **bonum commune** fue especialmente formulada por SANTO TOMAS (3) y ha llegado a constituir una de las piezas cardinales de la filosofía tomista del Derecho y del Estado. «Santo Tomás —escribe SANCHEZ AGESTA— cuajó una fórmula de gran valor sugestivo con relación al problema teleológico político. El **bien común** es el fin que centra la vida de la **sociedad civil** o comunidad política, anima la actividad de su gobierno y da sentido a la ley como instrumento de la acción del poder y del orden político. El **bien común** aparece en Santo Tomás como un eje

---

(1) Lino RODRIGUEZ-ARIAS, **Ciencia y Filosofía del Derecho**. Buenos Aires, Ediciones Jurídicas Europa-América, 1961, núm. 163, pág. 271.

(2) V. la **Política** de **ARISTOTELES**, lib. IV, 1-3, en la trad. española de P. DE AZCARATE.

(3) Expone SANTO TOMAS la doctrina del bien común, un poco dispersamente, en sus obras **Comentarios a la Política de Aristóteles, Suma Theologica** y **De Regimine Principum**. La estudia muy detenidamente con vistas a su reconstrucción, SANCHEZ AGESTA, **Lecciones**, 6.ª edición cit., págs. 312 a 329.

común alrededor del cual se agrupan y resuelven todos los problemas de la vida política» (1).

Las modernas escuelas católicas mantienen esta tradición y han reelaborado el concepto del bien común haciendo de él la pieza maestra de la concepción del Derecho. RENARD y sus discípulos han puesto en el bien común la base filosófica de la teoría institucional (2). No es extraño que la literatura en torno a la noción del **bien común** y sus aplicaciones sea hoy copiosísima (3).

---

(1) **Lecciones de derecho político**, ed. cit., págs. 315 y siguiente.

(2) Véase el capítulo sobre «Derecho y bien común» del libro de RUIZ-GIMENEZ, **La concepción institucional del Derecho.** Madrid, Instituto de Estudios Políticos, 1944, págs. 460-674.

(3) Véanse, entre muchos: DABIN (Jean), **La philosophie de l'ordre juridique positif.** París, Sirey, 1929, especialmente págs. 152-177; MICHEL (Suzanne), **La notion thomiste du bien commun: Quesques-unes de ses applications juridiques.** París, 1932; LACHANCE, **Le concept du Droit selon Aristote et Saint Thomas.** París, Sirey, 1933; GONELLA (Guido), **La nozione di bene comune.** Milano, Giuffrè, 1938; LE FUR, DELOS, RADBRUCH y CARLYLE, **Los fines del Derecho (Bien común, justicia, seguridad).** México, Ed. Jus, 1944; MARITAIN, **La personne et le bien commun.** París, 1947 (versión castellana, Buenos Aires, Ediciones Desclés de Brouwer); MESSNER, **Etica social**, ed. cit., 1967, especialmente páginas 198-236.

En la doctrina española reciente pueden consultarse: GALAN Y GUTIERREZ, **La Filosofía política de Santo Tomás de Aquino.** Madrid, 1945, páginas 97-123, y El **«bonum commune» y el derecho de propiedad según el pensamiento aquinatense,** en la **Revista Crítica de Derecho Inmobiliario**, 1944, págs. 274 y siguiente; RUIZ DEL CASTILLO, **Elementos y exigencias del bien común** (conferencia). Madrid, 1950; P. TODOLI, **El bien común.** Madrid, Instituto Luis Vives, 1951; VERDU, **Bien común**, en la **Nueva Enciclopedia Jurídica.** Barcelona, Seix, t. III 1951, págs. 341 y sigs., con extensa bibliografía; RODRIGUEZ-ARIAS, **El Derecho, la Justicia y el Bien común**, en **Estudios de Derecho civil en honor del profesor Castán Tobeñas.** Pamplona, 1969, t. III, págs. 441 y sigs.; URDANOZ, **El bien común según Santo Tomás.** Apéndice al tomo VIII de la **Summa Theologica**, ed. de la B. A. C., Madrid, 1956, págs. 755 y sigs.; TORNOS (Cirilo), **El bien común y nuestro Derecho privado.** Discurso de recepción en la Real Academia de Ciencias Morales y Políticas. Madrid, 1956; ZARAGÜETA, **Problemática del bien común.** Madrid, s. f. (1956); SANCHEZ AGESTA, **Lecciones de Derecho político**, ed. 1959, páginas 313 a 329; SANCHO IZQUIERDO, **Notas sobre el bien común: Ensayo de síntesis**, en la revista **Temis**, de la Facultad de Derecho de Zaragoza, I, 1957, págs. 136 y sigs.; VALLET DE GOYTISOLO, **El bien común, pauta de la justicia general o social**, en la **Revista de Estudios Políticos**. Madrid, 1967, con ed. sep. Son de interés, además, los trabajos que forman parte de las dos series

La importancia y actualidad que esta noción tradicional reviste todavía hoy está fuera de duda. Ninguna como ella permite conciliar armónicamente las pugnas del individualismo y el transpersonalismo y superar, además, los fracasos del formalismo jurídico. Muy bien ha dicho Pablo Lucas VERDU que «la consideración del bien común es capital en el ámbito del Derecho. Su análisis sirve para fundamentar, teleológicamente, una serie de instituciones, así como suministrar una base objetiva al ordenamiento jurídico que evite el formalismo abstracto y vacío en que se ha pretendido encontrar la esencia del Derecho» (1).

b'') **Idea general y aspectos del bien común.**—El bien común no es un **bien individual,** aunque esté con este último en estrecha relación de dependencia, ya que es un **bien social** que facilita la obtención de los bienes individuales. «El bien común —escribe el profesor de Viena Johannes MESSNER— consiste en hacer posible a los miembros de la sociedad, y por mediación de ésta, una existencia plenamente humana» (2). «Si designamos —añade— con el calificativo de cultura social el conjunto constituído por la realidad de los bienes y valores que resultan de la cooperación social y que está al servicio de la realidad plenamente humana, resulta que la esfera del bien común es la cultura y la del bien individual, la persona; ambas esferas de valor son esencialmente diferentes y dependen mutuamente una de otra de forma esencial» (3).

Tampoco puede confundirse el bien común con el **bien público,** que es el parcial del Estado, entendido como contrapuesto al bien individual y que no siempre está en concordancia con el bien de la sociedad. Como expresa el profesor RODRIGUEZ-ARIAS BUSTAMANTE, «el Derecho del Estado puede

---

de la Colección «Bien común», publicada por iniciativa de la A. C. N. de P, Madrid, Eurámerica, con firma de Luciano Pereña, Carlos Santamaría, Juan Zaragüeta, Santiago Ramírez, Adolfo Muñoz Alonso, Rafael González Moralejo y otros autores.

(1) **Bien común,** en la **Nueva Enciclopedia Jurídica**, Barcelona, tomo III, 1951, pág. 341.

(2) **Etica social,** cit., pág. 232.

(3) Ibidem, pág. 233.

a veces no coincidir con el bien común de la sociedad que él personaliza o no acertar a satisfacer todas las necesidades de la misma» (1).

Ni siquiera puede conceptuarse el bien común como **bien de todos** o como **suma de los bienes particulares.** Ya SANTO TOMAS advertía que la diferencia entre ese bien común y el bien individual no puede cifrarse en una mera diferencia cuantitativa. Siguiendo las huellas del ángel de las Escuelas, el profesor belga Jean DABIN escribe que el bien de una fracción o de una clase social, e incluso también la suma de los bienes particulares de la mayoría o aún de la totalidad de los miembros de la comunidad, no rebasa la categoría de bien particular, ya que es fácil de comprender que la sociedad —sea nacional, internacional o supranacional— tiene una función propia; desborda a los individuos no solamente en el espacio, sino también en el tiempo, toda vez que preexiste a ellos y continuará viviendo después de su muerte (2). En definitiva, el punto de vista cuantitativo aludido responde a una concepción individualista de la sociedad, siendo así que el bien común tiene una característica supraindividual.

Esencialmente, en efecto, el bien común, según la concepción tomista, es el **bien de la sociedad** comunitariamente considerada, es decir, como unidad compuesta de complejos elementos o partes, cuales son los entes sociales menores y los hombres que son miembros de las respectivas comunidades. MESSNER, en este sentido, dice que el bien común, ontológica y metafísicamente, «es una realidad propia del todo social en cuanto tal, que hace posible a los miembros de la sociedad la existencia plenamente humana» (3).

Precisando más los ingredientes y funciones del bien común, lo define VERDU como «el conjunto de elementos materiales y morales que coordina la acción de los individuos, reunidos en sociedad, procurando la felicidad temporal colec-

---

(1) **Ciencia y Filosofía del Derecho,** cit. núm. 128, pág. 215.

(2) **La philosophie de l'ordre juridique positif**. París, Sirey, 1929 páginas 157 y siguiente.

(3) **Etica social**, cit., pág. 205.

tiva sin dañar los derechos ee la persona humana» (1). Y RÓDRIGUEZ-ARIAS lo conceptúa como «el conjunto de valores, bienes y experiencias que contribuyen a la conservación y al progreso de la comunidad y al bienestar material, moral e intelectual de las personas que viven en ella» (2).

c''). **Aspectos y caracteres.**—Se derivan del indicado concepto las siguientes notas o caracteres del bien común, que no son contradictorias aunque a primera vista pudiera parecerlo.

1.º **El contenido pluralista del bien común.** — «El bien común —nos enseña el profesor MESSNER, a quien tantas veces tenemos que acudir— es un bien de la sociedad que alcanza a la totalidad de sus miembros y abarca la totalidad de sus fines. Solamente es auténtica realidad cuando en ambos aspectos cumple sus funciones en una medida aceptable» (3). Existiendo, así, variadas **agrupaciones humanas** y, además, diversidad de **fines sociales,** puede ser contemplado el bien común bajo múltiples aspectos y está permitido hablar de la **esencia pluralista del bien común** (4). Sobre todo han de ser tenidas en cuenta aquellas comunidadese que tienen fines determinados por la naturaleza misma, como son, entre otras, la familia, el municipio, la asociación profesional, el Estado, las grandes unidades regionales, nacionales y supranacionales y la comunidad de naciones; cada una de ellas con su bien común especial. Pero estos bienes comunes parciales han de estar ponderados con el bien general de la sociedad, que es el verdadero y propio bien común. Así, por ejemplo, los intereses colectivos de los llamados **entes intermedios,** sobre todo los pertenecientes al orden económico-social (gremios, sindicatos, cámaras, etc.), aun siendo parcelas importantes del bien común, han de estar sometidos a

---

(1) **Bien común,** loc. cit., pág. 345.

(2) **El derecho, la justicia y el bien común,** en **Estudios de Derecho civil en honor del profesor Castán Tobeñas,** t. III, Pamplona, 1969, página 454.

(3) **Etica social,** cit., pág. 225.

(4) Ibidem, págs. 233 y sigs.

ese bien común total (1). El bien mismo de la sociedad política estatal, que es común con respecto a las agrupaciones menores, ha de estar, a su vez, conjugado con el bien común de la Humanidad, al que nuestro clásico SUAREZ llamaba **bonum universi**.

2.º **La dirección unitaria, personalista, del bien común.**— El bien común, no obstante el aludido pluralismo que le es propio, lleva consigo una significación unitaria ligada al orden jerárquico de las comunidades y fines que lo integran. No es aceptable la disgregación entre el bien común total y los demás bienes parciales, ya que es el hombre, en definitiva, quien forma las diversas agrupaciones sociales, que deben funcionar armónicamente, y el que tiene variados fines que cumplir, también con la necesaria jerarquía, que ha de dar preferencia a los valores espirituales y morales sobre los de orden material. El fondo unitario del bien común nace de la misma naturaleza humana, ya que, en definitiva, aun siendo un **bien social** es primordialmente un **bien humano**. El fundamento de la sociedad y del bien común al que ha de orientarse está en la naturaleza del hombre como ser, a la vez e inseparablemente, social e individual. De aquí el núcleo **personalista** del bien común, al que la doctrina actual está ya dando extraordinario y merecido relieve.

Ante los avances de la socialización, que ponen en peligro la integridad de la personalidad del hombre, ha sido necesario vivificar las tendencias humanísticas que subrayan el sustrato primordialmente personal del bien común. Así, el pensamiento de la Iglesia durante los últimos lustros ha sabido perfilar el concepto del bien común centrándolo en lo que tiene de medio o instrumento al servicio del hombre. A ello responde la definición de JUAN XXIII en la **Mater et Magistra**, 65, y la del Concilio, en la **Gaudium et Spes**, 26, que concibe el bien común como «el conjunto de condiciones de la vida social que hacen posible a las asociaciones y a cada uno de

---

(3) En este sentido y recogiendo las enseñanzas del Cardenal HERRERA ORIA, se pronuncia Alberto MARTIN ARTAJO, **El pensamiento social del Cardenal Herrera Oria**, en el diario **Ya**, 18 de diciembre de 1968.

sus miembros el logro más pleno y más fácil de la propia persuasión», o bien, según otro texto de la misma constitución, 74, «el conjunto de aquellas condiciones de vida social en las cuales los hombres, las familias y las asociaciones pueden lograr con mayor plenitud y facilidad su propia perfección».

d'') **Justicia y bien común.**—La idea de justicia y la de bien común tienen muchas conexiones. Ambas reúnen las mismas características esenciales: son principios **jurídicos;** son postulados **sociales** que afectan a la sociedad en su conjunto y a los miembros como parte de ella; tienen la significación no de meras normas formales o lógicas, sino de principios **objetivos** y **morales** que pueden ser llamados de **ética jurídica material** y, consiguientemente, están una y otra muy ligadas a la idea del Derecho natural. La doctrina del bien común persigue, lo mismo que la noción de justicia, una conciliación de las exigencias de lo «suyo» **individual** y de lo «suyo» **social.** Finalmente, tanto la justicia como el bien común tienen su base, de acuerdo con las direcciones tan actuales humanista y personalista, en la consideración de que el hombre es persona y en la del valor supremo de la persona dentro de la comunidad.

No puede, pues, haber oposición entre la justicia y el bien común. Como LE FUR ha advertido, el mismo bien común está sometido a la justicia, que tiene como una de sus exigencias el bien común, el de todas y no el de una clase determinada (1). En general, el bien común ha de servirse de la justicia para que el disfrute de los bienes sociales y humanos en todas sus dimensiones materiales, morales y espirituales, sea compartido entre los miembros de la sociedad en la proporción (igualdad proporcional) que el criterio de justicia determine. Principalmente, el bien común está en relación estrecha con la justicia **distributiva** (que rige los deberes de la sociedad hacia sus miembros) y con la justicia llamada **general** o **legal** (que preside los deberes de estos últimos con

(1) En el vol. **Los fines del Derecho (Bien común, justicia y seguridad)**, escrito en colaboración con DELOS, RADBRUCH y CARLYLE. Méjico, ed. Jus, 1944, págs. 137 y sigs.

respecto a la sociedad). VALLET DE GOYTISOLO ha considerado al bien común como «pauta de la justicia general o social» (1); pero no cabe duda que, a la vez, el bien común recibe de la justicia su pauta más necesaria.

Lo que hay es que, por razón de su contenido, la idea de bien común tiene mayor amplitud que la idea de justicia, pues no constituye una finalidad específicamente jurídica, sino la finalidad comunitaria suprema que, trascendiendo al Derecho, llena todos los objetivos del mismo (2) y sirve de conplemento a la idea de justicia, marcando los términos de su aplicación en cada nivel de cultura social y de organización política.

De todos modos, aunque el bien común tenga un ámbito más extenso que la justicia, está, en el orden de los valores, subordinado a ella, como ésta lo está al reconocimiento de la personalidad humana. Ha dicho, en este sentido, un escritor español de amplios vuelos filosóficos y sociológicos, José LARRAZ, que el bien común integra, en armónica constelación, los cuatro principales valores comunales: la justicia, la seguridad del orden comunal, la utilidad económica comunitaria y la eficiencia económica comunitaria. Entre ellos, «la justicia es el valor radical, básico del bien común». Normativamente no pueden darse conflicto ni colisión entre esos cuatro

---

(1) En la **Revista de Estudios Políticos** y ed. sep. Madrid, 1967, especialmente página 54.

(2) «El bien común —escriben los argentinos MOUCHET (C.) y ZORRAQUIN (R.)— no es una finalidad exclusiva del orden jurídico, pues se obtiene tanto mediante la sanción de las normas como por la actividad pública o privada inclinada a conseguirlo... Puede afirmarse que el bien común es la finalidad social suprema hacia la cual tienden todos los objetivos del Derecho; de tal manera que la justicia, el orden, la paz y la seguridad son como las bases en que se asienta el bienestar colectivo. Y como es una finalidad suprema de la sociedad —y no del Derecho aisladamente considerado—, el bien común es, en definitiva, el último intérprete de esos otros fines exclusivamente jurídicos, el que juzga su oportunidad, el que dirime sus conflictos, el que hace prevalecer a uno sobre otro y el que los encauza a todos, teniendo siempre en consideración las circunstancias sociales a que debe adecuarse el Derecho» (**Introducción al Derecho,** 2.ª ed. Buenos Aires, Perrot, 1956, páginas 62 y siguiente).

valores, «porque el valor radical —la justicia— antecede jerárquicamente a todos los restantes» (1).

e'') **Función del bien común en su relación con los derechos humanos.**—Tiene la fórmula del bien común, como ya hemos apuntado, un gran valor jurídico, en cuanto encierra en una noción sintética y compendiosa la finalidad del Derecho y del Estado. La expresión **bien común** —aduce el profesor DABIN— «ofrece la doble ventaja de ser **general** (comprendiendo todos los elementos o factores del bien común, tanto la justicia como la seguridad o la libertad...) y de precisar el ángulo **social** desde el cual debe ser considerada la reglamentación» (2). Por otra parte, sitúa esta fórmula en su punto cabal las relaciones entre el individuo y el Estado, al buscar el fin del ordenamiento jurídico, no en el bien disgregado de los individuos, ni en el bien público o bien del Estado, sino en el bien netamente social, del cual, como dijo León XIII (3), todos y cada uno de los asociados tienen derecho a participar en la medida proporcional.

Se ha achacado a veces a la noción del bien común su indeterminación y vaguedad. Pero no hemos de pedirle más de lo que nos puede dar (y no es poco): una orientación para elaborar y aplicar —de acuerdo con un ideal moral— el Derecho positivo. Como muy bien ha dicho RUIZ DEL CASTILLO, «el bien común es una directriz y no una fórmula. No se agota en ninguna solución determinada. Por eso es rica de aspectos y se nos muestra llena de sugestiones interpretativas» (4).

Dada la importante función y la utilidad teórica y práctica que la noción del bien común lleva consigo, con relación al Derecho en todas sus dimensiones, no puede ser desconocido su capitalísimo papel en la fundamentación y determinación concreta de los derechos humanos. Pero lo que aquí sobre todo hemos de resaltar es el servicio que dicha noción

---

(1) **La meta de dos revoluciones. Madrid,** 1946, págs. 138-140.

(2) **La tecnique de l'élaboration du Droit positif spécialement du Droit privé.** Bruxelles-Paris, 1935, págs. 16 y sigs.

(3) Encíclica **Rerum Novarum,** de 15 de mayo de 1891.

(4) **Elementos y exigencias del bien común,** cit., pág. 22.

puede prestar para discernir las condiciones de aplicación y limitación de esos derechos, teniendo en cuenta el grado de su mutua compatibilidad y los términos de adecuación de cada uno de ellos a las exigencias ético-jurídicas invariables y a las circunstancias sociales de lugar y tiempo.

El principio del bien común parece haber presidido algunos textos políticos como los de la Constitución portuguesa de 1933, que, separándose de las Declaraciones abstractas de derechos individuales incondicionados, nos muestra a los derechos humanos vinculados a la doble función del desenvolvimiento de la personalidad y la realización del bien común, cuya ponderación fija y delimita el contenido que quepa atribuir a tales derechos (1).

En cuanto a las vigentes Leyes Fundamentales españolas es clarísimo que adoptan, como criterio de valoración jurídica más destacado, el del **bien común.** Así, el Fuero de los Españoles de 1945, en su artículo 1.º se expresa así: «El Estado español proclama como principio rector de sus actos el respeto a la dignidad, la integridad y la libertad de la persona humana, reconociendo al hombre, en cuanto portador de valores eternos y miembro de una comunidad nacional, titular de deberes y derechos cuyo ejercicio garantiza **en orden al bien común».** La Ley que formula los Principios del Movimiento Nacional, de 1958, en su punto V, con una formula que da inusitada fijeza al concepto del bien común (pues lo liga a las ideas de solidaridad de las generaciones y continuidad de la vida social y de las tradiciones nacionales a través de los siglos), dice que «los intereses individuales y colectivos han de estar subordinados siempre al bien común de la Nación, constituída por las generaciones pasadas, presentes y futuras». Y la Ley Orgánica del Estado, de 1967, en su artículo 3.º, señala entre los fines fundamentales del Estado, «la promoción de un orden social justo en el que todo interés particular quede subordinado al **bien común».**

---

(1) V. SANCHEZ AGESTA, **Curso de Derecho constitucional (Inglaterra, Estados Unidos, Francia, U. R. S. S., Portugal), 2.ª ed., Granada, 1955, páginas 257 y siguientes.**

No tiene el bien común iguales reflejos en la Declaración Universal de los Derechos del Hombre de 1948, cuyo preámbulo, al aludir a aquellos valores que, como la libertad, la justicia y la paz, sobre la base de la dignidad del hombre, parecen servir de fundamento al reconocimiento de los derechos humanos, no incluye entre ellos el bien común; aunque, con expresión más o menos feliz, hace referencia al mismo, poniéndolo en conexión con los límites de aplicación de los derechos humanos, cuando expresa, en el art. 29, 2, que «en el ejercicio de sus derechos y en el disfrute de sus libertades, toda persona estará solamente sujeta a las limitaciones establecidas por la ley con el único fin de asegurar el reconocimiento y el respeto de los derechos y libertades de los demás, y de satisfacer las justas exigencias de la moral, del orden público y del **bienestar general** en una sociedad democrática».

Entre los subsiguientes Pactos Internacionales, el relativo a los Derechos económicos, sociales y culturales, de 1966, sigue las líneas mismas de la Declaración Universal. Su artículo 4.º dice así: «Los Estados Partes en el presente Pacto reconocen que, en el ejercicio de los derechos garantizados conforme al presente Pacto por el Estado, éste podrá someter tales derechos únicamente a limitaciones determinadas por ley, sólo en la medida compatible con la naturaleza de esos derechos y con el exclusivo objeto de promover el **bienestar general** en una sociedad democrática».

La fórmula sabia del bien común, llena de tradición, resulta, en estas recientes Declaraciones a nivel internacional, empequeñecida con adiposas referencias, exentas de relieve sustancial y hondura filosófica.

V

LOS DERECHOS FUNDAMENTALES EN LA GENESIS HISTORICA DE SUS FORMULACIONES POSITIVAS

1. Sentido general de la evolución de estas formulaciones

El Cristianismo, con sus principios universales de amor, de fraternidad y de justicia, constituye, según hemos podido ver, la más solemne proclamación de los derechos inherentes a la personalidad humana, con todas sus prerrogativas, individuales y sociales. Pero la formulación y fijación de esos derechos en textos de carácter político ha sido objeto de un largo y fatigoso proceso histórico, que se inicia en la Edad Media y llega hasta nuestros mismos días.

La historia de las Declaraciones de derechos marca, así, una interesante evolución de lo particular a lo universal. Empiezan las mismas con formulaciones contingentes, relativas a grupos específicos de ciudadanos, con el carácter de privilegios o concesiones excepcionales. Adoptan después formas más amplias, en las que están comprendidos los ciudadanos todos de un Estado. Y culminan, finalmente, en las Declaraciones universales, a favor de los hombres en cuanto tales, vinculadas a la mera idea de humanidad.

Desde otro punto de vista, la evolución de las Declaraciones de derechos sigue, en cuanto al carácter de las mismas, fases muy interesantes. Las enunciaciones de derechos y deberes tuvieron un significado práctico y contingente en la historia constitucional inglesa; un sentido más filosófico y abstracto, en las Constituciones norteamericanas y francesas de los siglos XVIII y XIX, y tiende a adquirir carácter puramente normativo en las Constituciones democráticas más recientes (1).

---

(1) BISCARETTI: **Derecho constitucional**, ed. cit., págs. 665 y sigs.

En las Declaraciones británicas, en efecto, no se encuentra proclamación alguna de alcance filosófico y universal. «Se trata de confirmaciones de antiguas costumbres y de preexistentes institutos jurídicos capaces de tutelar al individuo frente a las intermitentes amenazas de la autoridad regias» (1). Por el contrario, las Declaraciones norteamericanas y francesa, inspiradas en la doctrina de la escuela iusnaturalista europea, son de carácter abstracto y aspiración universalista, aunque carentes algunas veces de valor normativo inmediato.

En el curso del siglo XIX, las Declaraciones constitucionales de derechos y deberes sufren una transformación. Sus fórmulas, hasta entonces teóricas, adquieren el carácter concreto de normas positivas, acompañadas muchas veces de las correspondientes garantías jurídicas de los respectivos derechos. Y en el actual siglo, al término de la primera guerra mundial, las Declaraciones experimentan un nuevo cambio. Si anteriormente, como escribe el citado Profesor de Pavía, «los derechos y los deberes de los ciudadanos habían sido formulados jurídicamente sólo en relaciones con la **actividad jurídica** del Estado (a saber, la desplegada para alcanzar los llamados fines esenciales del mismo, y, en particular, teniendo en cuenta la **tutela del orden** en el interior del mismo Estado), sobre la base, especialmente en los últimos años, de los principios democráticos de **libertad e igualdad,** desde tal época en adelante fueron igualmente definidos, siempre en medida creciente, también respecto a la **actividad social** del mismo Estado (o sea la que mira al bienestar y al progreso moral y material del pueblo), determinando, por consiguiente, una notable extenisón de los textos constitucionales correspondientes» (2). En las Constituciones más recientes persiste la finalidad normativa, pero los preceptos que las integran no siempre revisten el carácter de obligatorios **por se**: muchas veces son meramente **directivos o programáticos,** aunque obliguen, en principio, al legislador ordinario a desenvolver los dogmas contenidos en la norma constitucional.

---

(1) BISCARETTI, cit., pág. 667.
(2) BISCARETTI, cit. pág. 671.

2. **Formas antiguas de reconocimiento y garantía de los derechos**

A. **Fisonomía general de las antiguas formulaciones de derechos y de los procedimientos de garantía de los mismos.** Los pueblos, en casi todos los tiempos, se han visto —dice el P. IZAGA— en la precisión de tomar las medidas convenientes para guardarse de los posibles atropellos de que, aun de parte de los mismos Poderes públicos, pudieran ser víctimas en sus personas, en su dignidad y en sus bienes. Tal ha sido la razón de las formulaciones de derechos y los procedimientos de garantía de estos últimos. Pero, en realidad, es en la Edad Media cuando aparecen los primeros antecedentes claros de las Declaraciones de derechos. Hubieran resultado éstas en la Edad Antigua, en que el concepto de la personalidad era desconocido, incompatibles con la suprema e ilimitada autoridad del grupo o del Estado.

En opinión de algunos expositores, la inciación, en los tiempos medios, de las Declaraciones de derechos fue una consecuencia de la organización feudal y del carácter paccionado que tenía la relación entre el soberano y sus feudatarios, ya que la masa sometida de los súbditos quedaba privada de toda eficaz defensa jurídica contra los gobernantes (1). Sin embargo, a medida que avanzaban estos tiempos y alcanzaba su florecimiento la filosofía cristiana, hubo de influir sobre el reconocimiento de los derechos humanos la idea de que al hombre acompañaban derechos naturales, indestructibles. «En la filosofía de la Edad Media —ha escrito VON GIERKE— el principio de la existencia de esos derechos es corolario del valor objetivo que se atribuye a preceptos más elevados del Derecho natural y del Derecho divino» (2).

---

(1) En este sentido, BISCARETTI: **Derecho constitucional**, cit., página 665.

(2) **Les thèories politiques du moyes age**, trad. francesa, París, Sirey, 1914, página 244.

De todos modos y aun contando con el ambiente favorable que para la afirmación de la personalidad traía el Cristianismo, no cabe negar que, en el fragmentarismo jurídico de la Edad Media, los reconocimientos de los derechos humanos solían aparecer como una reacción contra los excesos de la autoridad que los negaba y casi siempre con carácter contractual y de atribución de concesiones o privilegios particulares, como prerrogativas reconocidas a grupos de personas. Se trataba, así, más bien de concesiones y acuerdos circunstanciales, de objeto y contenido limitado, que de un reconocimiento de derechos naturales, esenciales y más o menos absolutos.

Se caracterizan, de este modo y normalmente, las antiguas Declaraciones:

1.° Por ser restricciones del Poder real, que vienen a reconocer, por lo general, privilegios y derechos ya existentes u observados con anterioridad.

2.° Por manifestarse a través de documentos diversos, sin enlace orgánico ni sistemático.

Son, a pesar de esta línea general, muy variados los procedimientos y formas que se utilizaron durante los tiempos medios para impedir las extralimitaciones del poder soberano. El P. IZAGA cita, entre ellos: a) El juramento exigido a los Príncipes de guardar las leyes fundamentales de sus dominios. b) La resistencia al poder soberano; ya **pasiva**, que se manifestaba en la paralización de la vida del Estado por la negación de los subsidios necesarios o la cesación en la administración de justicia; ya **activa**, que a veces llegaba hasta despojar de sus atributos soberanos a los titulares de la soberanía. c) El establecimiento de instituciones especiales con autoridad, en casos de contrafuero, sobre el Monarca, sus agentes y sus preceptos desaforados. d) La declaración y proclamación jurada y soberana de derechos e inmunidades personales, contra las que los poderes constituídos no pudieran atentar (1).

(1) **Elementos de Derecho político,** 2.ª ed. cit., págs. 251 y sigs.

Con referencia a las más importantes de estas formas, más o menos rudimentarias, de garantizar la observancia de los derechos humanos, se dice muchas veces que corresponde al pueblo inglés el origen de las Declaraciones de derechos, siquiera estas formulaciones tuviesen marcado carácter particularista en cuanto se trataba de concesiones de derechos singulares a favor de grupos particulares de ciudadanos (1). Pero téngase en cuenta, de una parte, que no hay en los acuerdos ingleses verdaderas declaraciones de los derechos fundamentales, en el sentido moderno, pues se trata, más bien, de precedentes —ciertamente no exentos de interés— de estas últimas. Y, de otra parte, que no son tales antiguas formas o procedimientos una particularidad que honre exclusivamente a la historia de Inglaterra. Responden los mismos a un fenómeno y un sistema histórico, que dejó sus huellas en muchos pueblos. Garantías similares a las de Inglaterra se registran, así, en otros países. En Bélgica, por ejemplo, hay Cartas demostrativas de la protección que, al calor de las libertades comunales, se concedía a la seguridad personal contra las agresiones de las autoridades y sus agentes (2).

Por nuestra parte, hemos de limitarnos aquí a destacar los más salientes ejemplos que de estos reconocimientos de derechos e instituciones para su garantía nos ofrece la historia de la monarquía inglesa y la de los antiguos reinos españoles.

B. **Formulaciones e instituciones inglesas patrocinadoras de los derechos nobiliarios y del pueblo.**—Son numerosas las Declaraciones británicas de derechos y deberes de los ciudadanos. Tras el **Writ of Habeas Corpus**, de origen inmemorial, se señala como primera y muy importante declaración, en la que cifra el pueblo inglés el nacimiento de su régimen constitucional, la **Carta Magna** (**Magna Carta Liberatum**) del Rey Juan Sin Tierra, otorgada en 1215. En el siglo XVII, época de

(1) BATTAGLIA: **Los derechos fundamentales del hombre**, loc., cit., **página 160.**

(2) V. POULLET: **Historie politique nationale**, II, pág. 142, cit. por IZAGA: **Elementos de Derecho político, ed. referida, t. II, pág. 278.**

la Revolución inglesa, hay que citar: la **Petición de derechos (Petition of Rights)** de 1623, acogida por Carlos I; la ley relativa al **Habeas Corpus** (institución, como ya adelantábamos, muy antigua, encaminada a impedir toda detención arbitraria), que adoptó su forma definitiva en 1679, bajo Carlos II, y, en fin, la **Declaración de Derechos (Bill of Rights)**, formulada en 1689 por las Cámaras y sancionada luego por Guillermo y María de Orange.

El P. IZAGA, siguiente a DARESTE, estima que éstos y otros documentos públicos ingleses no pueden considerarse como precedentes de las modernas Declaraciones, pues «todos ellos defieren de nuestros documentos y garantías, por el espíritu, por el contenido y por su estructura. Su espíritu no es universal, ni filosófico, sino puramente histórico y tradicional. Y, aparte la seguridad personal, para evitar detenciones injustificadas, a que se refiere el **Habeas Corpus,** las disposiciones de los documentos ingleses se refieren, más que a los derechos individuales, a regular las relaciones entre la Corona y los nobles y los representantes de la sociedad reunidos en el Parlamento, cuya convocación y deliberaciones se procuraba poner a cubierto del capricho de la voluntad regia. El **Bill de Derechos,** v. gr., contenía prescripciones prohibiendo que se impusieran tributos sin el consentimiento de los representantes de los nobles y del pueblo; negando al Rey facultades para suspender las leyes ni dispensar de su cumplimiento, para mantener ejército permanente, para establecer tribunales de excepción, para coartar la libertad de los electores y de los miembros elegidos del Parlamento» Finalmente, nos dice, los derechos a que se refieren estos documentos, «considerados no como derechos del hombre, sino como derechos antiguos y tradicionales del pueblo inglés, jamás aparecen en un documento único enlazados en un conjunto orgánico» (1).

No ofrece duda, en efecto, que las Declaraciones británicas, como en general las de otros países en sus mismas épocas, no contienen proclamación alguna de alcance filosófico

---

(1) IZAGA: **Elementos de Derecho político,** ed. cit., t. II, págs 258 y sigs.

y universal y se asemejan poco a las modernas Declaraciones pretenciosamente sistemáticas. Pero esto no quiere decir que no tengan las instituciones inglesas rasgos muy propios y privativos que las revisten de gran interés. Además de las características comunes a las Declaraciones de tipo antiguo, tienen las formulaciones inglesas como notas peculiares:

1.ª Su carácter de textos normativos, que las hacía susceptibles de ser invocadas por los ciudadanos ante los Tribunales para obtener su cumplimiento (1).

2.ª Su supervivencia histórica, que las diferencia de las libertades proclamadas en otros países y que tenían vida efímera. Responde esta nota al carácter peculiar de la Constitución británica, obra de una lenta y constante evolución y sin soluciones de continuidad (2). Como hace notar el Profesor BATTAGLIA, del conjunto de los acuerdos británicos (la Carta de 1225 y las que le sucedieron) «surgió lentamente un sistema de costumbres y principios consuetudinarios, sobre los que se erigió el cuerpo vivo de la Constitución inglesa, de una forma más acertada que si hubiera nacido sobre normas escritas, pensadas por legisladores y doctrinarios» (3).

Es de observar, por otra parte, que ya en la Carta Magna aparece reconocido el principio de sometimiento del Rey al Derecho. Su carácter feudal obligaba al Rey a respetar el derecho de los barones que de él dependían; pero, a la vez, obligaba a éstos a respetar el de los labradores y los comerciantes, los burgueses y los villanos que estaban bajo su dependencia, lo cual daba a esta Carta una significación nacional (4). Y posteriormente, en el **Bill of Rights**, si hay artículos que definen situaciones de privilegio, hay también otros que

---

(1) En este sentido, BISCARETTI: **Derecho constitucional,** cit., página 667.

(2) Véanse DICEY (A. V.); **Introduction à l'étude du Droit constitutionnel,** trad. francesa. París, Soufflet, 1902, págs. 117 y sigs.; SANCHEZ AGESTA: **El Derecho constitucional en Inglaterra, Estados Unidos, Francia, U. R. S. S. y Portugal.** Granada, 1948, páginas 72 y sigs., y **Curso de Derecho constitucional comparado,** 2.ª ed., Madrid, 1965, páginas 87 y sigs.

(3) **Los derechos fundamentales del hombre,** loc. cit., pág. 161.

(4) SANCHEZ AGESTA: **Derecho constitucional comparado,** ed. cit., páginas **91 y 93.**

son aplicaciones de los principios de seguridad jurídica y gobierno del Derecho (1).

En definitiva, en las declaraciones británicas no deja de enunciarse, a veces, algún principio de carácter general; y, sobre todo, se va registrando una evolución favorable al reconocimiento de un orden constitucional, centrado en la garantía de los derechos humanos.

C. **Formulaciones e instituciones políticas españolas orientadas a la protección de los derechos humanos.**—a) **Indicaciones generales.**—Nuestras antiguas Declaraciones de derechos se pierden dispersas en multitud de documentos y están todavía poco estudiadas. Sin embargo, se han ocupado ya de ellas plumas muy autorizadas españolas (2) y también extranjeras, y se ha llegado a suponer la prioridad de España en la formulación de los derechos fundamentales humanos. La han apuntado ilustres escritores germánicos, como el Profesor E. WOHLHAUPTER (3) y también R. Von KELLER (4).

El régimen señorial que imperó en España durante los tiempos medios (reforzado por la manera con que se fueron formando los Estados peninsulares durante la Reconquista) hacía que nuestras formulaciones de derechos —al igual que las de otros países— no se refiriesen siempre y por igual a todas las clases sociales y a todos los súbditos. Por otra parte, los derechos se iban fijando poco a poco y circunstancialmente, a través de las Cartas de población y Fueros locales o generales, Leyes dadas en Cortes y juramentos de Príncipes,

(1) Ibidem, pág. 95.

(2) Véanse: Rafael ALTAMIRA: **La Carta Magna y las libertades medioevales en España,** en la **Revista de Ciencias Jurídicas y Sociales,** año I, 1918, núm. 2; Román RIAZA: **Los orígenes españoles de las declaraciones de derechos,** en **Anuario de la Universidad de Madrid,** 1936, páginas 1-17, y Juan BENEYTO: **Los orígenes de la ciencia política en España,** Madrid, Instituto de Estudios Políticos, 1949, págs. 296 y sigs.

(3) **La importancia de España en la Historia de los derechos fundamentales** (Conferencia en el Centro de Intercambio Cultural Germano-Español). Madrid, 1930.

(4) **Freihaitsgarantien für Person un Eigentun in Mittelalter** Heidelberg, 1933.

muy especialmente cuando había necesidad de hacer frente a actitud de reclamación o de revuelta.

Pero lo que hay que destacar es que con estos reconocimientos se garantizaban no sólo los derechos que después se han llamado políticos o de ciudadanía, sino también las libertades individuales. Según nos dice el Profesor GARCIA GALLO, entre los derechos que más generalmente se reconocían a los súbditos «se encuentra la paz de la casa, en cuya virtud nadie, ni aun un funcionario, puede entrar en ella para prendar o ser hospedado contra la voluntad del dueño. Todos los súbditos gozan también de derechos penales —exención de respansabilidad solidaria— y procesales —ser juzgados sólo por tribunales competentes—, recibir fallos justos, no ser encarcelados dando fianza, exención de **pesquisa** o pruebas vulgares, etc.» (1).

b) **Pactos e instituciones en los reinos de León y Castilla.** Tuvo la Monarquía, en León y Castilla, un carácter limitado, que se revela especialmente en la autoridad que ejercían las Cortes, centro común de todos los elementos político-sociales en aquella época (2). Llegó así a formarse la opinión de que el Rey y el reino estaban ligados con un pacto recíproco y mutuos deberes (3). El hecho es que los Fueros municipales y las Leyes hechas en Cortes fueron, con gran frecuencia, amparo y salvaguardia de la seguridad personal, extensiva a la inviolabilidad del hogar y de la propiedad privada.

El primero de los acuerdos entre el Reino y el Rey que merece especial consideración es el Pacto convenido en las Cortes de León de 1188 entre su Rey Alfonso IX y el Reino. Concurrieron a su celebración el Arzobispo de Compostela, los Obispos, los magnates y los ciudadanos elegidos por el Reino (**electis civibus regne sui**). Afirmó el Rey, bajo juramento, que haría sostener la justicia y la paz en el Reino, articulándose, en preceptos concretos, las garantías de los más impor-

---

(1) **Curso de Historia del Derecho español,** t. I. 3.ª ed. Madrid, 1950, página 181.

(2) SANTAMARIA DE PAREDES: **Curso de Derecho político,** 4.ª ed. Madrid, 1890, pág. 489.

(3) Ibidem, pág. 491.

tantes derechos de las personas, como seguridad, domicilio, propiedad, actuación en juicio, etc. (1). El escritor Carlos LOPEZ DE HARO, que lo transcribe, lo considera como «el pacto auténtico quizá más grande que se registra en los anales de todos los pueblos; pacto anterior a cuantas libertades nos traen del extranjero por modelo» (2).

En posterior época son de citar el acuerdo de las Cortes de Burgos, en 1301, de que «los omes de las villas... no sean prendidos sin ser demandados y oydos por su fueros asy como deben...», y el de las Cortes de Valladolid de 1322, que proclamaron, en síntesis, el respeto debido a la vida, la libertad y la propiedad de los hombres, que sólo podrían ser juzgados según derecho y por jueces competentes.

c) **Pactos e instituciones aragoneses.**—a') **Características de la Constitución política aragonesa.**—Sin entrar en el debatido asunto del legendario Pacto o Fuero de Sobrarbe (al que hace referencia el Fuero general de Navarra), en el que se ha supuesto estaba ya iniciado un cierto reconocimiento de los derechos humanos (especialmente, claro es, los de los señores) frente a la realeza (3), lo cierto es que la limitación del poder real fue una de las bases de la Constitución política de los reinos de Aragón y Navarra.

Todavía más limitada que la monarquía castellana es la aragonesa, conceptuada como monarquía orgánica, porque entrañaba la división de poderes entre la aristocracia y el Rey, cada uno con independencia de fueros (4). Esto dio carácter muy distinto, en uno y otro Reino, a las Declaraciones de derechos. En ambos hubo luchas entre las aristocracias y los Reyes, más hay la diferencia de que en Castilla parecían ser los Fueros concesión de los Reyes, mientras que en Aragón significaban reconocimiento del derecho de los nobles con un

---

(1) V. MARICHALAR (A.) y MANRIQUE (C.): **Historia de la legislación y recitaciones del Derecho civil de España.** Madrid, 1861-72, t. II, página 415.

(2) **La Constitución y libertades de Aragón y el Justicia Mayor.** Madrid, Reus, 1926, pág. 200.

(3) La crítica rechaza hoy la autenticidad de la versión que dio BLANCAS de unos Fueros de Sobrarbe en seis apotegmas.

(4) V. LOPEZ DE HARO, **La Constitución,** cit., págs. 30 y sigs.

matiz paccionado y algo análogo al de los modernos documentos constitucionales (1).

Podría sacarse de ello la consecuencia de que la Constitución política de Aragón fue menos favorable que la de Castilla para la protección de las libertades individuales, argumentando que si en Castilla llegaron a tener acusado predominio las tendencias democráticas, en Aragón parecían prevalentes las tendencias aristocráticas, toda vez que las libertades de Aragón, objeto siempre de tan merecidos elogios, eran, más que libertades populares, libertades nobiliarias y de privilegio. Pero lo cierto es que estas libertades aragonesas se fueron paulatinamente extendiendo a la aristocracia de segundo grado, y, en definitiva, al pueblo vinculado a las ciudades.

Por otra parte es de notar que las facultades de las Cortes en Aragón fueron más efectivas y eficaces que en Castilla, merced, sobre todo, al ejercicio de su potestad en materia de **grauges,** o sea en la reparación de todos los agravios cometidos por el Monarca y sus funcionarios. Además, mientras en Castilla las ligas o hermandades que se formaron durante algunos reinados, mediante la unión de los nobles y los concejos y, en general, de los diversos elementos o clases sociales, para amparar las libertades, fueros y derechos del Reino, fueron efímeras y disueltas por los Reyes cuando no necesitaban de ellas, sin concesiones liberales, en Aragón las hermandades de la Unión, como advierte SANTAMARIA DE PAREDES, «dieron por resultado una Constitución orgánica, gracias al concierto y tesón de todos los elementos sociales en la defensa de los fueros y el tacto político de los Monarcas, que supieron comprender las exigencias del espíritu liberal de su pueblo» (2).

b') **Pactos en que están contenidas las formulaciones de derechos.**—Los reconocimientos de derechos, fruto especialmente de las exigencias sostenidas por las Ligas a que se acaba de hacer referencia, tuvieron como principales manifestaciones las siguientes:

1) El **Privilegio General,** otorgado (no espontáneamente,

---

(1) V. LOPEZ DE HARO, cit., págs. 238 y sigs.

(2) **Curso de Derecho político,** 4.ª ed. cit., págs. 503 y sigs. y 552 y sigs.

sino en virtud de la reclamación de las Cortes de Tarazona en 1283 y subsiguiente levantamiento de las diversas clases sociales) por Pedro III en las primeras Cortes de Zaragoza celebradas ese mismo año y que forma parte del libro I de la Colección de Fueros. Fue este Privilegio la ratificación de las franquezas que constituían el Derecho consuetudinario de Aragón. Por ello ha sido calificado de «base legal y paccionada de las libertades aragonesas y Carta Magna de esas libertades, que inicia todo un sistema de garantías que llegaron a superar a la misma Constitución inglesa» (1).

2) Los dos **Privilegios** o **Fueros de la Unión**, que, como secuela y garantía del Privilegio General y a causa del levantamiento de la Hermandad de la Unión, que alegaba no lo guardaba el Rey, fueron sancionados por Alfonso III en 28 de diciembre de 1287.

3) La **Confirmación del Privilegio General**, hecha, después de una lucha sangrienta, por Pedro IV el del Puñalet, en las Cortes de Zaragoza en 1348. Aunque la Unión había sido derrotada en Epila, el Rey —escribe SANTAMARIA DE PAREDES— no abusó de su victoria e «inspirándose en el espíritu y tradiciones de su pueblo, confirma el **Privilegio General**, es decir, la Carta Magna aragonesa, manda que se inserte como ley en el cuerpo de los Fueros, sanciona el derecho de seguridad personal, robustece con grandes atribuciones la autoridad de Justicia Mayor y ensancha las bases de la Constitución aragonesa» (2).

De esta manera, las formulaciones de derechos, especialmente los de seguridad personal y de la propiedad que se establecen y sancionan en el Privilegio General y en los Fueros de la Unión (3), resultan robustecidos con la referida confirmación del Privilegio General realizada en las Cortes de

---

(1) Roberto REYES MORALES: **El Consejo Nacional del Movimiento y los derechos y libertades reconocidas en las Leyes Fundamentales**, en **Revista de Estudios Políticos**, marzo-abril de 1967, pág. 271, con referencia al libro de VILLARTA: **El juicio de amparo y el «Writ of Habeas Corpus»**.

(2) **Curso**, ed. cit., pág. 552.

(3) Pueden verse los textos completos del Privilegio General y de los Privilegios de la Unión (en las versiones de BLANCAS, MARICHALAR y MANRIQUE

1348. Quedó así sentado un principio fundamentalísimo de inviolabilidad de las personas y de las propiedades bajo la garantía de la función judical. Y en Cortes posteriores, como las de 1348 y 1441, fue ratificada la prohibición del procedimiento inquisitivo. «Puede enorgullecerse Aragón —escribe LOPEZ DE HARO— de haber sido el primer pueblo del mundo que marcó y delimitó las funciones propias del Poder público. Pasados muchos siglos vinieron los enciclopedistas a descubrir los derechos individuales y a restringir la acción de los Gobiernos al mantenimiento de la seguridad y a la garantía de la justicia, de la propiedad y de la libertad de los hombres. Aragón, en los tiempos feudales, consagró derechos que en el siglo XVII costaron una revolución a Inglaterra, que estudiaron los sabios franceses en el siglo XVIII y que realizaron los pueblos cultos en el XIX» (1).

c') **Los derechos individuales y sus garantías a través de los procesos forales.**—Quizá lo más característico de la organización política y judicial aragonesa es haber sabido asegurar prácticamente la observancia de las libertades individuales, a través de los llamados **procesos forales** y de la institución del **Justicia Mayor.**

Fueron varios los procesos forales (2); pero los más significados como baluartes de las libertades aragonesas son el de la **firma de derecho** y el de **manifestación.** La **firma de derecho,** como caución de estar en justicia, garantizaba al reo el no poder ser preso en cuanto a su persona, ni despojado de la posesión de sus bienes, hasta que hubiese sentencia en el correspondiente juicio. La **Manifestación,** en su forma más importante de manifestación de la persona, consistía en apartar a las autoridades ordinarias de su acción contra determinada persona, detenida o presa sin proceso o por Juez incompetente, para prevenir la arbitrariedad o la fuerza de

---

y el Códice de la Academia de la Historia) en el libro de **LOPEZ DE HARO, cit.,** páginas 304 a 330.

(1) **La Constitución y libertades de Aragón,** cit., **pág. 337.**

(2) LA RIPA, en su **Ilustración a los cuatro procesos forales de Aragón** (2.ª ed., Zaragoza, año 1828), expone como tales el de **Aprehensión** (secuestro de bienes), el de **Firma,** el de **Inventario** y el de **Manifestación.**

que pudiesen ser víctimas los aragoneses o quienes habitasen en Aragón, aunque no fuesen naturales del Reino.

Se tramitaba generalmente el proceso de manifestación en la Corte o Tribunal del Justicia Mayor, aunque, en algunos casos particulares podía también ser Instruído por los Jueces ordinarios o por la antigua Real Audiencia. Se exceptuaba de la manifestación el caso del crimen de herejía, perseguido por el Tribunal del Santo Oficio. La **manifestación** fue una de las garantías más preciadas en Aragón; y se la suele considerar como muy semejante al **Habeas corpus** inglés, incluso preferible a éste en algunos aspectos (1).

d') **La institución del Justicia Mayor.**—Es el Justiciazgo la institución clave en el régimen político de Aragón y en su sistema de garantía de los derechos individuales.

No hay que buscar sus orígenes, como sin verdadero fundamento se ha pretendido por los arabistas, en el Derecho musulmán (2), ni tampoco en el fabuloso Pacto de Sobrarbe. Fue la institución de que se trata el resultado de una lenta evolución, a través de los sucesivos acontecimientos que marcaron el desarrollo gradual de la Constitución aragonesa. A mediados del siglo XIII, dice el Profesor GARCIA GALLO, el Justicia es «un simple funcionario que sirve a la curia del Rey, que examina las causas en presencia de éste y por orden suya y que promulga las sentencias que dicta la curia» (3). Fueron las Cortes de Ejea de 1265 las que ya dan especial consideración al Justicia Mayor de Aragón, dictando normas sobre su oficio y facultades. Se empiezan a marcar, así, las características de esta magistratura como **Juez medio**, las cuales se fortalecen con el Privilegio General y los Privilegios de la Unión, llegando a su apogeo, en el siglo XIV, bajo el reinado de Pedro IX, cuando, al perder pujanza la nobleza, pudo ser efectiva y eficiente la autoridad del Jus-

---

(1) Puede verse el trabajo de SAENZ DE TEJADA Y DE OLOZAGA, Barón de Benasque: **El derecho de manifestación aragonés y el «Habeas Corpus» inglés,** con prólogo de Salvador Minguijón, Madrid 1956.

(2) V. Julián RIBERA TARRAGO: **Orígenes del Justicia Mayor de Aragón,** Zaragoza. 1897.

(3) **Curso de historia del Derecho español,** t. I. ed. cit., pág. 307.

ticia. Por otra parte, crecían su importancia y sus atribuciones a medida que menguaba la actividad de las Cortes.

Fueron muy diversas las funciones que al Justicia Mayor le fueron atribuídas (1). Pero, en síntesis, cabe decir, con el ilustre Profesor, tantas veces citado, SANTAMARIA DE PAREDES, que «si detenidamente se examinan las atribuciones del Justicia Mayor y los procedimientos que las desenvuelven, mediante las firmas de derecho y los fueros de manifestación, fácil será observar que todos los actos de esta magistratura van encaminados, más que a fallar pleitos o causas como órgano del Poder judicial, a mantener el imperio general de la Ley y conservar la armonía de los poderes constituídos, persiguiendo los casos de **desafuero** para resolver los conflictos que una providencia arbitraria hubiese producido en las relaciones del individuo con el Estado, o de un poder con otro poder, o de las Cortes con el Rey, o de los brazos entre sí» (2).

Por lo que aquí nos interesa, hemos de destacar que el Derecho público aragonés supo, con la institución del Justicia Mayor, dar una perfecta garantía jurídica —de un tipo judicial originalísimo, basado en la independencia del cargo, aunque no aislado o desvinculado de la Realeza ni de las Cortes del Reino— a las libertades ciudadanas. Garantizaba el Justicia el gran principio —propio de la Constitución aragonesa, como, según ya decíamos, lo fue también de la tradición política inglesa— de la sumisión del Rey y las clases sociales al Derecho, que, siglos más tarde, había de perfilar la figura del que se ha llamado **Estado de Derecho.**

Es una gran enseñanza, para los Estados modernos, la Jurisdicción que en materia constitucional ejercía el Justicia aragonés, a través de la posibilidad de ejercitar el **contrafuero** contra las disposiciones del Poder público que violasen las franquicias del pueblo.

---

(1) Puede verse el libro cit. de LOPEZ DE HARO: **La Constitución y libertades de Aragón y el Justicia Mayor**, que dedica sendos capítulos al estudio de las funciones legislativas (de interpretación de los Fueros), políticas y judiciales del Justicia, en relación con los Reyes, con los brazos del reino y con las Cortes.

(2) **Curso,** ed. cit., pág. 591.

VI

EVOLUCION DE LAS DECLARACIONES EN SU SENTIDO MODERNO

1. Características generales de las modernas Declaraciones de derechos

Las modernas Declaraciones de derechos están ligadas al movimiento constitucional, que operó una transformación profunda en la estructura política de los Estados. Están contenidas en lo que suele llamarse parte dogmática de las Constituciones, aunque a veces también sean formuladas en los preámbulos de algunas Cartas constitucionales. Tienen estas modernas Declaraciones una exteriorización más formal y solemne que las antiguas. Forman un conjunto orgánico y perfilan libertades y derechos bien articulados.

En los documentos antiguos, como ya vimos, predominaba el aspecto paccionado o contractual, a la vez que el particularista; se trataba de derechos reconocidos a determinadas clases o categorías de personas y que tenían un origen anterior, casi siempre consuetudinario. Por el contrario, en las enunciaciones modernas no se da a los derechos un apoyo en el pasado, sino más bien un fundamento racional; se reconocen esos derechos a todos los ciudadanos de un Estado o a los hombres en cuanto tales, considerándolos derivados de las leyes de la naturaleza o de las exigencias de una convivencia política.

Algún escritor muy docto parece poner una línea muy neta de separación entre los derechos reconocidos en los antiguos pactos y los consagrados por el constitucionalismo moderno, estimando que no pueden estos últimos «arrancar de los textos medievales que reconocen franquicias o libertades; meros

stabilimenta la mayoría de las veces, ni suponen verdadera **libertad,** sino privilegios feudales, señoriales, vecinales, etc., ni tienen la órbita de aplicación territorial que exige una verdadera Declaración de derechos» (1). Creemos exagerada esta apreciación. Hemos podido ver que a veces las antiguas formulaciones, como las británicas y las españolas, persiguen el reconocimiento de verdaderas libertades, con órbita de aplicación bastante general y con garantías de eficacia tan serias o más que las que establecen los modernos textos constitucionales. Tienen ciertamente unas y otras Declaraciones significación política muy diferente; pero no puede negarse que las une un nexo histórico, a la vez que filosófico. Hay latente, casi siempre, aun en las antiguas, una inspiración y un sentido iusnaturalista, de respeto a la personalidad humana y de limitación y freno a los excesos de los poderes constituídos.

Las Declaraciones constitucionales de derechos tienen como punto de partida las norteamericanas (especialmente la de Virginia) y la francesa, tan célebre, de 1789. Entre las que siguieron a éstas, dentro del Continente europeo, destacan por la importancia y relieve que tuvieron como modelo ofrecido a todos los Estados del nuevo siglo, nuestra Constitución de Cádiz de 1812 y la belga de 1831.

2. Las Declaraciones de derechos en los Estados de América del Norte

Se suelen considerar las formulaciones americanas como el primer ejemplo de las modernas Declaraciones de derechos. Son varias las que aisladamente aparecen en las diversas colonias inglesas de Norteamérica, que pasaron a ser, a partir de su emancipación, miembros de los Estados Unidos; pero la más célebre es la Declaración del Buen Pueblo de Virginia,

(1) Nicolás PEREZ SERRANO: **La evolución de las Declaraciones de derechos** (Discurso de apertura del curso 1950-51 en la Universidad de Madrid), Madrid, 1950, **págs. 57 y sig.**

de 12 de junio de 1776. La Constitución federal carecía inicialmente de lo que se ha llamado parte dogmática, pero fue ésta añadida a su articulado a virtud de diez enmiendas propuestas por el Congreso de 1789.

Sobre el origen doctrinal de las Declaraciones americanas ha habido diversas opiniones. Muy frecuentemente se las considera hijas de las ideas filosóficas y enciclopedistas del siglo XVIII. Pero JELLINEK impugnó esta suposición, aduciendo que los principios del **Contrato social** de ROUSSEAU, favorables a la omnipotencia de la voluntad general, son absolutamente contrarios a una Declaración de derechos. Para dicho autor, la raíz ideológica de las Declaraciones de que se trata hay que buscarla en los criterios confesionales, calvinistas y puritanos, que sustentaban los grupos colonizadores de Norteamérica (1). Son seguramente compatibles ambos puntos de vista. Pudieron influir, a la vez, en las Declaraciones americanas la tradición inglesa, el criterio de libertad religiosa y el ambiente enciclopedista de la época.

Comentando el profesor BATTAGLIA las características de las Cartas americanas, producto de tan variadas influencias y que las diferencian profundamente de los antiguos documentos de la historia inglesa, nos dice así: «Mientras los textos ingleses no hacen más que confirmar la tradición nacional de las libertades patrias que se especifican en ellos, las costumbres de que en ellos se habla —si bien dichas costumbres aparezcan en el devenir histórico siempre más ricas y complejas, y sean determinadas y particulares en el sujeto a quien se refieren y en el objeto tutelado—, los textos americanos, recurriendo más a la naturaleza que a la historia, como intérpretes de una esencia profunda que liga las cosas y las vicisitudes de los hombres a Dios, instituyen las libertades universales y reivindican para el pueblo americano los derechos que todos los pueblos deben tener como leyes inmutables del hombre» (2). Obsérvese, sin embargo, que a cambio del avance teórico que

---

(1) V. JELLINEK: **Declaraciones de los derechos del hombre y del ciudadano,** trad. de A. Posada, Madrid, Suárez, 1908.

(2) **Los derechos fundamentales del hombre,** loc. cit., **pág. 162.**

las Declaraciones norteamericanas llevaban consigo, carecían, en gran parte, del valor práctico y normativo que había acompañado a las Declaraciones inglesas, ya que sus enunciaciones estaban desprovistas a menudo de eficacia jurídica normativa.

3. La Declaración francesa de los derechos del hombre y del ciudadano

A. **Su significado en la evolución de las Declaraciones de derechos.**—La primera y de mayor renombre, entre las Declaraciones francesas, es la **Declaración de derechos del hombre y del ciudadano** adoptada por la Asamblea Nacional constituyente reunida en Versalles el 26 de agosto de 1789, y promulgada el 3 de noviembre de igual año. A ella siguieron las Declaraciones de derechos de 1793 y 1795 (esta última acompañada de una breve Declaración de deberes). Más, como indica BISCARETTI, las últimas «consiguieron sólo un valor transitorio y contingente. La Declaración de 1789 fue absorbida de modo indeleble, en sus principios esenciales, por el ordenamiento constitucional francés y mantenida siempre en vida por el mismo a través de múltiples vicisitudes: de tal modo que a ella, aun explícitamente, reenvían los **preámbulos** de las últimas Constituciones francesas de 1946 y 1958» (1).

Tiene por rasgo distintivo esta típica Declaración de los derechos del hombre y del ciudadano, que le diferencia de las formulaciones americanas, su empaque filosófico-político, en cierto modo universalista. El sentido concreto, histórico de las libertades inglesas y aun de las norteamericanas, queda sustituído en la Declaración francesa, con pretensiones dogmáticas, por enunciaciones de tipo abstracto y muy general. El tono de ella es iusnaturalista. Su preámbulo dice así: «Los representantes del pueblo francés constituídos en Asamblea Nacional, considerando que la ignorancia, el olvido o el menosprecio de los derechos del hombre son las únicas causas

(1) **Derecho constitucional**, cit., pág. 669.

de las desgracias públicas y de la corrupción de los Gobiernos, han resuelto exponer en una declaración solemne los derechos naturales, inalienables y sagrados del hombre...» Sin embargo, y como ya tenemos puntualizado, estos **derechos naturales** tenían no el sentido de la tradición filosófica cristiana, sino el de la Ilustración.

La distinción que se hace en el título de la Declaración de 1789 (y que no deja de trascender al texto mismo de ella) entre el hombre y el ciudadano, responde a dos clases diversas de derechos y a dos distintos elementos del Derecho constitucional que los protege. Como observa SANCHEZ AGESTA, «los derechos del **hombre** se definen como ámbito de su vida individual frente a la actividad del Estado; los derechos del **ciudadano** contienen las facultades del miembro de una sociedad política como partícipe del poder» (1).

B. **Fuentes.**—Han sido muy discutidas las fuentes de inspiración de la Declaración francesa. JELLINEK y otros autores alemanes entienden que el origen de la misma hay que buscarlo en América y, más concretamente, en la Declaración de Virginia de 1776, y no en ideas políticas como la del **contrato social**, ya que la filosofía roussoniana se basa en el imperio de la **voluntad general** y no en la existencia de derechos naturales (2). Los autores franceses, por el contrario, destacan la influencia decisiva que ejerció en la Declaración a que se hace referencia, el pensamiento filosófico europeo, especialmente el francés, en el siglo XVIII.

En la actualidad la doctrina mantiene, ante este problema, la tesis, muy razonable, de la multiplicidad de fuentes. Parece indudable que la Declaración francesa tuvo como origen, a la vez, factores **históricos** (la situación de Francia necesitada, al estallar la Revolución, de profundas reformas, y el ejemplo de las Declaraciones americanas) y supuestos **ideológicos** (el movimiento filosófico representado por la llamada escuela del

---

(1) **Derecho constitucional comparado**, ed. cit., pág. 249.

(2) JELLINEK: **Declaraciones de los derechos del hombre y del ciudadano**, ed. cit., págs. 187 y sigs.

Derecho natural y muy destacadamente la teoría del pacto social de ROUSSEAU) (1). «Sus fórmulas escuetas y apodícticas —hace notar SANCHEZ AGESTA— contienen en un breve texto de diecisiete artículos el nuevo pensamiento del siglo XVIII. LOCKE, MONTESQUIEU, ROUSSEAU y SIEYES están condensados en fórmulas casi esquemáticas» (2). En general, la Declaración de que se trata es expresión de la filosofía política de ese siglo, basada en la afirmación de un Derecho natural individualista que garantiza a los ciudadanos, a través de las leyes, manifestaciones, a su vez, de la voluntad general, contra los excesos del poder.

C. **Apreciación crítica.**—Ha sido objeto esta Declaración de juicios muy exagerados y contradictorios (3). Infinidad de autores le han dedicado entusiastas elogios, al considerarla como símbolo del liberalismo triunfante. Otros, precisamente por la razón de su ideología y de su matíz revolucionario, le achacan errores sustanciales (4). Actualmente, algunas direcciones doctrinales de tipo social o socialista adoptan una actitud de resuelta oposición al individualismo de la Revolución francesa. «En vez de juzgar a ésta como un progreso, se inclinan —dice José M.ª GONZALEZ-ESTEFANI— a considerar que destruyó por su individualismo los fundamentos mismos de la vida colectiva, especialmente en sus comunidades intermedias que la hacían posible» (5).

No ofrece duda, en efecto, el punto de vista individualista (tanto filosófico como político y social) que preside las enun-

---

(1) V. DEL VECCHIO: **La declaración de los derechos del hombre y del ciudadano en la Revolución francesa**, en el vol. **Persona, Estado y Derecho**, cit., páginas 61 y siguientes.

(2) **Derecho constitucional comparado**, ed. cit., pág. 248.

(3) Véase el propio trabajo de DEL VECCHIO: **La declaración de los derechos del hombre y del ciudadano**, págs. 113 y sigs.

(4) Puede verse, en la doctrina española, Enrique GIL Y ROBLES: **Tratado de Derecho político según los principios de la Filosofía y el Derecho cristianos**, 2.ª ed., Salamanca, 1907, t. I, págs. 231 y sig.

(5) **El socialismo humanista (1800-1965)**, en la revista **Arbor**, Madrid, Consejo Superior de Investigaciones Científicas, julio-agosto de 1968, páginas 5 y siguiente.

ciaciones de la Declaración de 1789, con todas sus consecuencias y que, en armonía con sus finalidades políticas se limita a enunciar los derechos individuales, sin expresión correlativa de los deberes. Pero esto fue lo propio del ambiente de aquella época. Su texto responde a un proceso histórico favorable al reconocimiento de la personalidad y las libertades humanas. Precisamente por ello fue inmensa la trascendencia, europea y mundial, que ejerció la Declaración francesa en orden al reconocimiento de los derechos individuales, como también para la formulación y modelación del moderno Estado de Derecho. Como dice el Profesor DEL VECCHIO, «lo que da a la Declaración francesa una importancia histórica de primer orden todavía mayor que la de los **bills of rigths** americanos, es el haber ofrecido a todos los pueblos de Europa, que aún se hallaban sujetos al régimen absoluto, un modelo teórico de libertad, en el cual se inspiraron, mejor que en ningún otro, para sus reivindicaciones políticas, asociando desde entonces en adelante la idea de un gobierno liberal con la de una determinación fundamental de los derechos del ciudadano. Y, por lo menos, una parte de los principios de la Declaración fueron aceptados paulatinamente en las Constituciones de los modernos Estados» (1).

Dentro del clima individualista propio de su tiempo y característico también de la escuela racionalista del Derecho natural, la clásica Declaración francesa representa un grado de avance en el proceso evolutivo de las Declaraciones de los derechos humanos, acentuando el carácter universal de esos derechos (presentido ya por los textos americanos) y la precisión jurídica de los mismos. Ninguna declaración anterior a ésta realizó una formulación tan general y tan comprensiva de los derechos individuales. Ninguna destacó de igual manera, al lado de los derechos de libertad y seguridad personal y como complemento indispensable de ellos, el derecho de propiedad, estimado, en su artículo 17, como «inviolable y sagrado».

---

(1) **La Declaración de los derechos del hombre y del ciudadano,** loc. cit., págs. 163 y sig.

4. Las Declaraciones de derechos durante el curso del siglo XIX

En esencia, las Declaraciones europeas y americanas durante esta época se ajustan a los principios mismos, muy liberales, de la clásica Declaración francesa. Pero la estructura y carácter de aquéllas no deja de presentar algunas novedades. Parece abandonarse el tono filosófico de las primitivas Declaraciones y se aspira a dar a los derechos y a las libertades una realización jurídica no abstracta, sino concreta y vinculatoria, acompañada de las garantías indispensables para concederles eficacia. Como anota el Profesor BISCARETTI, en este siglo XIX «la enunciación de derechos y deberes de los ciudadanos sufrió una doble transformación: pasó al mismo texto de las Constituciones, imprimiendo a sus fórmulas, hasta entonces abstractas, el carácter concreto de **normas jurídicas positivas** (si bien de contenido general y de principio), valederas para los ciudadanos particulares de los respectivos Estados (llamada **subjetivación**), y, muy a menudo, se integró también con la intervención de otras normas encaminadas a actuar una completa y detallada regulación jurídica de sus puntos más delicados, de modo que no necesitan, ulteriormente, para tal fin, intervención del legislador ordinario (o sea, su **positivación**). Tal doble transformación (ya operada en las Constituciones revolucionarias francesas posteriores a la de 1791, que a las mencionadas **déclarations des droits,** abstractas, hicieron seguir, en los textos respectivos, las **garanties des droits**, más jurídicas y normativas) tuvo su primera afirmación íntegra en la Constitución belga de 1831 (título II, artículo 4.º a 24) —en la cual se inspiró ostensiblemente también el Estado albertino de 1848 (artículos 24 a 32)— y fue luego acogida, más o menos rígidamente, por todas las Constituciones liberales y democráticas de los decenios siguientes» (1).

---

(1) **Derecho constitucional,** versión española cit., pág. 669.

Por otra parte, ya a mediados de esta centuria, como vamos a ver en seguida, se inició vagamente una tendencia a ampliar el cuadro de los derechos del hombre, con la enunciación de unos **derechos sociales,** compatibles con la concepción individualista de la sociedad, dominante todavía en aquella época.

5. Las Declaraciones de derechos en nuestro siglo

A. **Notas generales.**—Decía, con el acierto y expresividad que siempre le eran peculiares, el Profesor PEREZ SERRANO, explicando el viraje de las Declaraciones de nuestro siglo XX, que «cada guerra, con mayor motivo una guerra como las dos últimas que ha sufrido el mundo, supone un estado de fermentación tumultuosa en que pueblos y aun Continentes someten a revisión sus conceptos fundamentales. Y cuando viene la paz y, por tanto, la necesidad de un reajuste que traduzca con fidelidad el nuevo ideario tan afanosamente logrado, la Tabla de valores primarios, el Catálogo de bienes jurídicos esenciales experimenta la obligada mutación» (1). Se explica así que a uno y otro período de postguerra, el que se inicia en 1918 y el que comienza en 1945, siguiese la aparición de nuevas preocupaciones que habían de influir sobre las Declaraciones de derechos, a través de nuevas Constituciones o de reformas de las ya existentes.

El Profesor OLLERO señala como novedades propias del movimiento que siguió a la guerra de 1914-18: una mayor extensión en el número de los derechos reconocidos, la aparición de derechos sociales, una tendencia a la limitación de la propiedad y algo así como un condicionamiento de los mismos derechos individuales. Y como preocupaciones dominantes a partir de la segunda postguerra europea, enumera la inclusión de la propiedad en el capítulo dedicado a la organización social o económica; la mejor sistematización de la

---

(1) **La evolución de las Declaraciones de derechos,** cit., pág. 54.

igualdad, enlazándola con el derecho a participar en el Gobierno; cierta propensión a ir convirtiendo lo social en político; la corriente a consignar garantías en vez de meras afirmaciones; la plenitud del derecho de asociación; el derecho de asilo; la acentuación de los deberes y el mismo pensamiento de condicionar debidamente los derechos (1).

En resumen, como nota más característica de las Constituciones de nuestro siglo es de señalar la de recoger las exigencias de tipo social y darles un cauce jurídico. Como ha observado el Profesor GARCIA OVIEDO, la corriente social ha penetrado en las Constituciones de nuestros días dándoles un contenido y una fisonomía nada parecidos a la fisonomía y contenido de las antiguas. De **políticas** que eran, tienden las Constituciones a convertirse en **político-sociales** (2). Seguramente la mayor diferencia que es de notar entre los textos de uno y otro de los apuntados períodos es la acentuación y ampliación en el segundo, de ese sentido social, al anclar en las Declaraciones de derechos temas tan variados (pero siempre de contorno social) como los que afectan a la familia, a la propiedad socializada, al trabajo, a la cultura y educación y muchas más.

Dediquemos, pues, una especial consideración a las Declaraciones de tipo social, que parecen perseguir el intento de una socialización de los derechos humanos.

B. **Las Declaraciones constitucionales de alcance y tipo social.**—a) **Razones y punto de partida del Constitucionalismo social.**—Las críticas que al mediar el siglo XX se hacían de las Declaraciones de los derechos individuales, que se consideraban puramente formales e individualistas y en definitiva falsas, porque encubrían una realidad en la que los seres más débiles, considerados libres e iguales, resultaban esclavos de los ricos y poderosos, impusieron una tendencia a la trans-

(1) Carlos OLLERO: **El Derecho constitucional de la postguerra, Barcelona,** Bosch, 1949, cap. V.

(2) GARCIA OVIEDO: **El Constitucionalismo de la postguerra,** Sevilla, 1931, **página** 172.

formación de los derechos individuales en derechos sociales, entendidos como derechos del hombre en cuanto configurados socialmente y que habían de ir acompañados, para ser efectivos, de deberes de la sociedad respecto a los individuos.

Surge así en las Constituciones contemporáneas la clara aspiración a ampliar la esfera de los derechos antes llamados individuales, extendiéndola a la protección de la familia, del trabajo y, en general, del orden económico-social, acentuando en consecuencia la intervención del Estado para la defensa de toda esa amplia gama de derechos.

Se dibuja ya esta tendencia en la Constitución francesa de 4 de noviembre de 1948 que, como nos recuerda PEREZ SERRANO, «reaccionando contra los criterios dominantes (individualismo, abstracción formalista, ausencia de contenidos económicos), formula afirmaciones que, sin llegar a plasmar en verdaderos derechos, suponen un viraje radical en la materia» (1). Su preámbulo, sobre todo, enuncia postulados de gran valor y alcance ético-social relativos a protección del ciudadano no sólo en su persona, sino también en la familia, la religión, la asociación, la propiedad, el trabajo, la previsión, la educación, la asistencia, etc.

Entrado el siglo actual, es reflejo muy típico del movimiento socializador la Constitución mejicana de 1917. Pero, sobre todo, tiene su expresión en las Constituciones promulgadas a partir de la primera postguerra europea.

b) **La formulación de los derechos humanos en los períodos que siguieron a las dos guerras mundiales. La Constitución alemana de Weimar y su influjo sobre los posteriores textos constitucionales.**—Texto cumbre y brillante exponente de la tendencia a que nos venimos refiriendo, plasmada en fórmulas de perfeccionada técnica en la Alemania de la primera postguerra, es la Constitución social-democrática de Weimar de 11 de agosto de 1919. Fruto este texto de la coalición de partidos cristiano-democrátas y socialistas, permitió llegar, como apunta Lucas VERDU, «a una conciliación entre la herencia tradicional y liberal, con sus correspondientes derechos y

---

(1) **La evolución de las Declaraciones de derechos**, cit., pág 55.

libertades, y las nuevas exigencias culturales, económicas y sociales» (1).

Destacan así en la Constitución de Weimar y las que siguieron su ejemplo: a) La multiplicación de los derechos esenciales y fundamentales, que se completan y enriquecen considerablemente; b) El cambio de sentido de esos derechos, que se contemplan ahora en sus dimensiones sociales; c) Las consiguientes limitaciones que la socialización impone a muchos de esos derechos, para hacer posible su ejercicio; d) La consideración de los deberes que acompañan a los derechos humanos y que igualmente son límites puestos al ejercicio de los derechos; e) La reglamentación, entre esos deberes, de los que corresponden a la colectividad y al Estado, deberes en gran parte que ponen al servicio del individuo para garantizar su existencia, su dignidad y su libertad.

Como indica BATTAGLIA, siguiendo a Mirkine GUETZEVITCH, el Estado moderno tiende a racionalizar toda su estructura y, por lo tanto, penetra con normas jurídicas sectores de vida económica y espiritual que antes le eran indiferentes. Sin embargo, no lo hace con el fin de imponer un orden suyo propio desde arriba, sino, evidentemente, como garantía del individuo, encontrando sus manifestaciones una disciplina y una tutela de las que no prescinde, un límite inderogable, tanto por lo que se refiere al individuo como por lo que, obviamente, se refiere al Estado; por ello no se conforma con reconocer en abstracto la independencia jurídica del individuo, sino que, asegurándole normativamente las condiciones necesarias e indispensables para su desarrollo, y poniendo —y respetándolo él mismo— un límite más allá del cual no puede legítimamente pasar, asegura en concepto su verdadera y sustancial independencia (2). De este modo, añade BATTAGLIA, «la Carta de Weimar elenca las libertades individuales, pero

---

(1) **Derechos individuales,** loc. cit. pág. 45.

(2) R. MIRKINE GUETZEVITCH: **Les nouvelles tendences des déclarations des droits, Rapport presenté et discuté à la session de 1929 de l'Institut International de Droit Public,** en **Annuaire.** París, 1930, y **Modernas tendencias del Derecho constitucional,** trad. de ALVAREZ GENDIN (M.), Ed. Reus, 1934; F. BATTAGLIA, loc. cit., **pág. 167.**

al mismo tiempo disciplina la familia, en cuyo ámbito quiere asegurar la salud y la virtud, proclama la igualdad de los dos sexos, los derechos de la maternidad y de la infancia. Igualmente disciplina la escuela y las confesiones religiosas y afronta el grave problema de la vida económica, definiendo siempre posiciones y derechos de los escolares y de los fieles, de los trabajadores y de los patronos, de los productores y de los consumidores. Recordemos, a propósito de la vida económica, el artículo 151, verdaderamente central, según el cual, ésta «debe ser organizada en conformidad a los principios de la justicia con el fin de garantizar a todos una existencia digna del hombre»; recordemos también el artículo 153, en el que estableciendo que «la propiedad implica obligaciones y que "su uso debe ser en interés general", se señala claramente el concepto moderno de la propiedad como función social. En el ámbito de la sistemática constitucional de la vida económica permanecen los derechos individuales, tanto del trabajador como del empresario, pero éstos sin que se exija su sacrificio, vienen conciliados en una superior síntesis social» (1).

El inolvidable Profesor PEREZ SERRANO, después de hacer una cuidada exposición del contenido de la Declaración de Weimar, hace notar el avance que ella representa. «En el santuario —nos dice— de la Declaración, antes reservado al individuo, penetran ahora los grupos, desde Asociaciones hasta Municipios, pasando por el núcleo doméstico o familiar. Junto a los derechos de la persona física aparecen así las garantías institucionales. Y si antes no interesaban más que las libertades formales, externas, que aseguran el ámbito de expansión personal y permiten participación en el Gobierno, ahora se comprende que el Estado no puede desentenderse de problemas de fondo, tan graves y tan importantes como el trabajo y la cultura. Sin que, por lo demás, sean tan solo estímulos materiales los que suben a primer plano, porque con idéntico título recaban plaza las aspiraciones del arte y la ciencia o las convicciones religiosas» (2).

---

(1) Op. cit., págs. 1167 y sig.
(2) **La evolución de las Declaraciones de derechos**, cit., págs. 60 y sig.

Se explica, pues, que el éxito de esta nueva Constitución fuese clamoroso y ejerciese enorme influencia sobre los posteriores textos constitucionales del centro y del este de Europa, no menos que de América. En nuestra patria influyó considerablemente —cuando ya, por cierto, no estaba vigente en su país— sobre la Constitución republicana de 1931.

Y es de notar que las Constituciones posteriores a la segunda guerra mundial (como la francesa de 1946, la italiana de 1947, la de la Alemania federal de 1949, etc.) siguen, con pocas variaciones, la línea misma de las que les precedieron en la primera postguerra (1).

c) **Tendencias últimas del Derecho constitucional en orden a los derechos humanos y sus garantías.**—Las tendencias de que se trata, nos dice el Profesor chileno Mario CERDA MEDINA, «apuntan hacia el afianzamiento de los derechos individuales clásicos, extendiéndoseles hacia Estados que no los habían consagrado en forma expresa y sistemática; hacia el establecimiento de limitaciones o restricciones de los derechos individuales clásicos en beneficio de la comunidad; hacia la incorporación de nuevos derechos de índole económica y social y, finalmente, hacia el reconocimiento internacional de los unos y los otros» (2). En la nueva concepción social o solidarista que ha sustituído a las ideas individualistas y liberales predominantes durante el siglo XVIII y gran parte del XIX, se advierte que «la libertad y la igualdad, proclamadas con tanto énfasis por los preámbulos de las Constituciones clásicas, son únicamente derechos formales, completamente desmedulados y que no corresponden a ninguna realidad fáctica. Era, como se ha dicho, derechos para propietarios. Se ha comprendido a la vez que, bajo pretexto de dejar jugar unas supuestas leyes naturales, se producía una desigualdad crecien-

---

(1) ,Véanse sobre los rasgos generales de las declaraciones de derechos subsiguientes a 1945, Carlos OLLERO: **El Derecho constitucional de la postguerra,** cit., págs., 59 y sigs., y Lucas VERDU: **Derechos individuales,** loc. cit., págs. 46 y siguiente.

(2) **Actuales tendencias en materia de garantías constitucionales,** en **Revista de Derecho y Ciencias Sociales,** Concepción (Chile), octubre-diciembre de 1962, página 37.

te y una verdadera asfixia de la libertad» (1). Por esto, más que la protección de los derechos individuales, interesa la protección de los derechos sociales, en la que juega el Estado tan importante papel. «De acuerdo con las nuevas tendencias, el Estado tiene obligaciones de orden positivo que son como el correlato de los derechos y obligaciones atribuidos a los individuos. Estas son, especialmente, las de proporcionar trabajo, instrucción, asistencia, preservación de la salud, bienestar, retribución justa, defensa de los intereses profesionales, vivienda, esparcimiento, etc.» (2). Con todo, los más importantes de estos derechos y deberes sociales son los de tipo laboral y, al frente de ellos, el de la protección al trabajo y la seguridad económica de los trabajadores.

Pasando revista a las Constituciones modernas, en relación con las tendencias sociales que reflejan, distingue el profesor Boris MIRKINE GUETZEVITCH (3) los siguientes tres grupos:

1.º El de las Constituciones que reconocen, junto a los clásicos derechos del hombre, nuevos derechos sociales y económicos que valoran de la misma manera que los derechos individuales (Constitución francesa de 1946, italiana de 1947, alemana de 1949, argentina de ese mismo año, uruguaya de 1951, etc.).

2.º El de las Constituciones de las denominadas Repúblicas Populares, que establecen la primacía **funcional** de lo social sobre lo individual, de tal modo que sus Declaraciones de derechos individuales clásicos y derechos sociales y económicos se conciben como prestaciones del Estado en favor de los ciudadanos: las libertades deben, así, ejercerse conforme a los intereses de los trabajadores y a través de organizaciones oficiales (Constituciones húngara de 1949, rumanas de 1948 y 1952, etc.).

3.º El de las Constituciones de las Repúblicas Soviéticas, que establecen la primacía **política** de lo social sobre lo indi-

---

(1) Ibidem, pág. 40.

(2) Ibidem, págs. 39 y sig.

(3) **Les Constitutions Européennes**. París, Presses Universitaires de France, 1951.

vidual. «En estas Constituciones —comenta CERDA MEDINA— aún más que en las de las Repúblicas Populares, se echa de ver que los derechos clásicos y los nuevos derechos sociales y económicos se conciben como prestaciones del Estado respecto de los ciudadanos» (1).

Pero este Derecho constitucional soviético merecería consideraciones especiales, que alargarían mucho nuestro trabajo de ahora. A reserva de abordarlas en otra ocasión, nos limitaremos a indicar aquí que, pese a las formulaciones de los textos soviéticos, apenas pueden tener realidad efectiva los derechos individuales en una sociedad regida inflexiblemente por la concepción marxista-leninista.

C. **Las Declaraciones universales o multinacionales de los derechos humanos.**—a) **Razones y punto de partida de este nuevo tipo de Declaraciones.**—Las garantías internas que los Estados conceden a los derechos humanos son insuficientes y con frecuencia inútiles, porque son los propios Estados los que en su aplicación pueden desvirtuarlas y son ellos, además, los que muchas veces resultan culpables de las mayores violaciones de tales derechos. Si el problema de los llamados derechos del hombre nace en la relación del hombre con el Estado, es necesario que esté por encima de las comunidades políticas la salvaguardia y protección de los repetidos derechos.

Pese a todas las declaraciones y garantías que a los derechos del hombre otorguen las Cartas Nacionales, el problema de estos derechos quedará sin resolver si no se le aborda con un enfoque internacional. Dicho problema lleva, pues, consigo el de la protección interestatal. Se explica así el nuevo movimiento de internacionalización de los derechos del hombre, surgido con ocasión de los últimos conflictos mundiales y especialmente al finalizar la segunda gran guerra. Aunque la clásica Declaración francesa de 1789 tuviese pretensiones filosóficas y muy generales, no podía tener el alcance universal que ambicionaba. Ha sido en fechas muy recientes cuando se

---

(1) **Actuales tendencias en materia de garantías constitucionales**, loc. cit., página 45.

ha iniciado la empresa difícil de dar nivel universal a los derechos del hombre.

Las primeras sugestiones en este sentido se encuentran en las propuestas que algunos organismos científicos internacionales formularon para extender la defensa de los derechos humanos a todos los países y a los ciudadanos de todas las nacionalidades. Sirva de ejemplo el Proyecto de **Declaración de los derechos internacionales del hombre** redactado por el Instituto de Derecho Internacional en 1928-29. Más tarde, en la Carta Atlántica, suscrita por Churchill y Roosevelt en 14 de agosto de 1941, después de invocar al Altísimo, se señalaba la dependencia internacional de los derechos del hombre. Y finalizada la segunda guerra mundial, la Carta de creación de las Naciones Unidas, aprobada en San Francisco el 26 de junio de 1945, afirmaba con reiteración los derechos humanos y su relevancia universal y prometía solemnemente la redacción y promulgación de una Declaración que con este sentido los proclamase.

La Carta de las Naciones Unidas trae, de este modo, a la concepción de los derechos humanos, una novedad importantísima. Responde, como escribe el Profesor canadiense John HUMPHREY, a la convicción, adquirida a consecuencia de las inauditas violaciones de esos derechos que se perpetraron en el curso de la segunda guerra mundial, de que «la promoción de los derechos humanos era un asunto que competía a toda la comunidad internacional, contrariamente a la opinión que había prevalecido hasta el momento, en el sentido de que tales derechos incumbían exclusivamente a la esfera de las jurisdicciones internas de cada Estado. Se puede ciertamente afirmar que ésta ha sido una de las evoluciones del pensamiento más transcendentales que haya tenido lugar en la historia del Derecho y de las relaciones internacionales» (1).

Consecuentemente, la Asamblea General de las Naciones Unidas, reunida en París y de acuerdo con el artículo 68 de

---

(1) **Los derechos humanos, las Naciones Unidas y el año 1968**, en la **Revista de la Comisión Internacional de Juristas**, edición especial 1968, 2.ª part, junio de 1968, pág. 2.

la Carta, después de consultar por intermedio de la UNESCO a pensadores ilustres de diversos países, aprobó y proclamó, con fecha 10 de diciembre de 1948, la Declaración Universal de Derechos del Hombre (**Universal Declaration of Human Rights**) (1). Fue autor del anteproyecto el representante de Francia, que fue Presidente de la Corte Europea de Derechos Humanos, René CASSIN, recientemente galardonado con el Premio Nóbel de la Paz.

Ha sido esta Declaración una protesta y una reacción contra el desconocimiento y desprecio de tales derechos que habían acompañado, con tantas manifestaciones de barbarie, a las dos guerras mundiales. Se proclaman, una vez más, los derechos tantas veces invocados; pero ahora se les formula con características nuevas y con el intento de comprometer solemnemente a los Estados miembros del magno organismo internacional en orden al respeto efectivo de los derechos fundamentales, bastante especificados, de la persona humana.

b) **Contenido y características de la Declaración Universal formulada por las Naciones Unidas en 1948.**—El texto de esta Declaración Universal consta de un Preámbulo razonado (a modo de Exposición de Motivos), una Declaración aprobatoria y treinta artículos (2).

Pueden señalarse como características principales de esta Declaración las siguientes:

1.ª Su fundamentación en el principio filosófico-jurídico de dignidad de la persona humana, del que se derivan los postulados de libertad, igualdad y fraternidad. Así se infiere de su Preámbulo y del artículo 1.º, que dice así: «Todos los seres humanos nacen libres e iguales en dignidad y derechos,

(1) Fue aprobada por 48 votos y sólo 8 abstenciones. Se abstuvieron: De Africa, Unión Sudafricana; de Asia, Arabia Saudita; de Europa, Bielorrusia, Checoslovaquia, Polonia, Ucrania, Unión Soviética, Yugoslavia. Hubo, además, dos ausencias. Con todo, no apareció voto alguno en contra.

(2) Puede verse una exposición de su texto en el trabajo, citado, de PEREZ SERRANO: **La evolución de los derechos**, págs. 37 a 42. Recientemente ha sido literalmente recogido dicho texto en la revista **Información Jurídica**, publ. por el Ministerio de Justicia, número de enero-marzo de 1968, págs. 21 y sigs.

y, dotados como están de razón y conciencia, deben comportarse fraternalmente los unos con los otros.»

2.ª La mayor amplitud de los derechos reconocidos. Además de los derechos y libertades clásicos, tanto civiles como políticos, da entrada la Declaración, de una manera patente, en los artículos 20 a 27, a los nuevos derechos humanos de sentido económico, social y cultural. Por otra parte, esta Tabla de derechos hace también algunas alusiones a los deberes. Así, el artículo 29, 1, dice, en términos muy generales, que «toda persona tiene deberes respecto a la Comunidad, puesto que sólo en ella puede desarrollar libre y plenamente su personalidad».

3.ª La preocupación político-democrática demostrada sobre todo, en el art. 21, 3, a cuyo tenor «la voluntad del pueblo es la base de la autoridad del poder público; esta voluntad se expresará mediante elecciones auténticas que habrán de celebrarse periódicamente, por sufragio universal e igual y por voto secreto u otro procedimiento equivalente que garantice la libertad del voto», y en el 29, 2, que, al hablar de las limitaciones a las libertades de la persona, incluye entre ellas las que se derivan de «las justas exigencias de la moral, del orden público y del bienestar general **en una sociedad democrática»**.

4.ª La extensión de la protección de los aludidos derechos del hombre, trasladada ahora del plano estatal al internacional, según resulta —recogiendo la orientación de la Carta de las Naciones Unidas— del Preámbulo, asi como de la Declaración aprobatoria y del artículo 28, a cuyo tenor «toda persona tiene derecho a que se establezca un orden social e internacional en el que los derechos y libertades proclamados en esta Declaración se hagan plenamente efectivos».

5.ª El propósito de que la Declaración llegue a ser vinculante para los Estados miembros de la ONU, que se comprometen, según el Preámbulo, «a asegurar, en cooperación con la organización de las Naciones Unidas, el respeto universal y efectivo de los derechos y libertades fundamentales del hombre»; si bien esta vinculación parece no ser prácticamente inmediata, ya que ha de actuarse a través de la estipulación de acuerdos internacionales. Hay, pues, una aspiración **máxima** a que los derechos humanos, merced a la protección de la Organización Internacional sean respetados por todos los pueblos y en favor de todo el género humano; pero, a su lado, aspiraciones más modestas a que sean efectivos tales derechos por su incorporación a los Derechos nacionales o por los Pactos internacionales que lleguen a celebrarse.

c) **Juicio que merece la Declaración Universal.**—En general, las opiniones de la doctrina son favorables a esta Declaración Universal. Se reconoce, por casi todos los escritores, el progreso que la misma acusa, ya que eleva a un plano internacional, a un pretendido Derecho positivo universal, los principios que velan por la salvaguardia y expansión de la personalidad que hasta entonces sólo habían reconocido a nivel nacional o en la esfera de un Derecho ideal.

En el presente Año conmemorativo se han dedicado a la Declaración Universal los mayores ditirambos. MACBRIDE, Secretario general de la Comisión Internacional de Juristas, nos dice así: «La Declaración Universal ha sido y sigue siendo el instrumento fundamental y punto clave en la historia de la Humanidad: es la Carta de libertad del oprimido y del humillado... La Declaración Universal no es una mera afirmación abstracta de normas generales; es, por el contrario, específica y detallada. Muchas de sus disposiciones se encuentran hoy integradas en el texto de Constituciones nacionales y han servido de guía para la interpretación de la ley en jurisdicciones diversas. Numerosas son las Convenciones internacionales que, una y otra vez, la han confirmado, y la decisión unánime de la Asamblea General de poner de relieve la celebración de su vigésimo aniversario con la proclamación del Año Internacional de los Derechos Humanos consiste por sí misma en un acto positivo de confirmación de sus disposiciones. De hecho, cada vez se extiende con más fuerza entre los especialistas del Derecho internacional la idea de que algunas de sus disposiciones concretas, cuyo incumplimiento da lugar a una acción judicial, forman hoy parte del Derecho internacional consuetudinario... La Declaración Universal representa hoy la expresión escrita de las bases en que se fundamenta el Derecho de las naciones, las leyes de la humanidad y los dictados de la conciencia pública adaptados al espíritu del siglo XX» (1).

Se han achacado, empero, a la Declaración de las Naciones Unidas defectos más o menos graves y a veces explicables. Así, por ejemplo, BALLVE, hablando del Anteproyecto de la ONU, le tildaba de «insistemático, casuístico y timorato», esto último aduciendo que en materia de propiedad y de libertad de tránsito quedaba dicho Anteproyecto muy por debajo de numerosas Constituciones anteriores, como la misma Constitución monárquica española de 1876 (2).

Más general es el juicio contrario a la Declaración de la ONU, fundado en no poder ésta alcanzar eficacia práctica, por el carácter con que fue aprobada, que se estima de mera **recomendación** a los países que integran las Naciones Unidas. Así, nuestro docto compatriota Lino RODRIGUEZ-ARIAS BUSTAMANTE, ahora Profesor de la Universidad de Panamá, aunque reconoce que la Declaración de que se trata «ofrece un cuadro muy acabado de los derechos de la personalidad humana que son dignos de reconocerse explícitamente» (3), achaca a la misma el no tener más que una validez programática, no habiéndose conseguido su ratificación por los Estados firmantes del documento. A su juicio, lo razonable hubiera sido «crear un órgano permanente con autoridad y fuerza suficiente para obligar a las Naciones a cumplir el Derecho, que permitiese sancionar al Estado infractor del Derecho de gentes con la pena de una intervención colectiva» (4).

Resulta penoso para un español no adherirse a estas últimas propuestas, inspiradas en las propias ideas de Francisco DE VITORIA sobre la universalidad del Derecho de gentes. Ciertamente nuestro gran teólogo y la Escuela de Misioneros del Convento de Dominicos de San Esteban, al que aquél per-

(1) **El significado del año de los derechos humanos**, en la **Revista de la Comisión Internacional de Juristas**, edición especial 1968, 1.ª parte (diciembre 1967), págs. III y IV.

(2) BALLVE (Faustino): **La crisis de la libertad**, México, 1949, pág. 12.

(3) **Ciencia y Filosofía del Derecho (Filosofía, Derecho, Revolución)**, Buenos Aires, 1961, pág. 727.

(4) Ibidem, pág. 729.

tenecía, al atribuir a los indios de América los derechos propios de todo ser humano y sentar la doctrina de una comunidad natural de todos los pueblos de la tierra, no sólo creó el moderno Derecho de gentes o Derecho internacional (1), sino que se anticipó a la proclamación de los derechos humanos que habían de hacer Virginia y París, y, por fin, con mucho empaque, aunque con escasa eficacia, la orgullosa Organización de las Naciones Unidas. Pero lo cierto es que está la humanidad, por desgracia, todavía muy lejos de la posibilidad de hacer efectivos los bellos ideales así iniciados y dar vida a un organismo, plenamente mundial, revestido de la fuerza suficiente para garantizar las normas y los derechos propios de una sociedad de todos los pueblos y todos los hombres.

En conclusión, nuestro juicio es favorable, en términos generales, a la llamada Declaración Universal. Es muy certera, en el fondo, su fundamentación filosófica, aunque sea inadecuada su vinculación a una determinada y rígida ideología política, que dificulta su aceptación universal y su eficacia práctica. Así y todo, cuando menos teóricamente, representa un positivo avance en el reconocimiento evolutivo de los derechos del hombre. Responde a ideales de justicia y paz e incluso, implícitamente, a incitaciones de un latente y por fortuna nunca extinguido iusnaturalismo. Cierra, por ahora, el milenario proceso de Declaraciones a que nos venimos refiriendo, dando a éstas un ambicioso, pero muy necesario sentido universalista. La Encíclica **Pacem in Terris,** de Juan XXIII (1963), al referirse a la Declaración Universal de Derechos Humanos, señaló que, si sobre algún punto particular de la misma se han alzado objeciones y fundadas reservas, «es indudable que el documento supone un paso importante en el camino hacia la organización jurídico-política de la comunidad mundial».

D. **Pactos y Convenciones de las Naciones Unidas. Convenios del año 1966.**—Son muy numerosas las Convenciones

---

(1) V. Ignacio G. MENENDEZ-REIGADA: **El sistema ético-jurídico de Vitoria sobre el Derecho de gentes,** Salamanca, 1929.

internacionales que, a partir de la Declaración Universal de 1948, se han ido celebrando. Doce de ellas recaen sobre derechos específicos (1). Son más importantes, por su carácter general, los dos Pactos Internacionales sobre Derechos Humanos adoptados por la Asamblea General, con fecha 10-16 de diciembre de 1966 (2). Tienen por objeto ambos Convenios consagrar, específicamente, las aplicaciones particulares más importantes de los principios de la Declaración Universal, en los dos grandes sectores, paralelos, de los derechos civiles y políticos y los derechos económicos, sociales y culturales. Fueron adoptados por las Naciones Unidas, después de un trabajo preparatorio de más de dieciocho años, el mismo día 16 de diciembre de 1966.

El Pacto Internacional sobre Derechos civiles y políticos (que consta de un Preámbulo, seis partes con 53 artículos y un Protocolo facultativo) adopta como puntos de partida los derechos a la libre determinación por parte de los pueblos (3) y a la no descriminación (4). Sobre esta base formula minuciosamente y entre otros, los derechos a la vida (que tiene

---

(1) Puede verse una enumeración de ellos en el artículo de ZANNONI: **En el año de los derechos humanos**, publ. en la **Revista General de Legislación y Jurisprudencia**, julio-agosto de 1968, págs. 15 y sigs., y en el artículo sobre **Ratificación e implementación de los Pactos Internacionales sobre derechos humanos** que figura en el **Boletín de la Comisión Internacional de Juristas**, de Ginebra, núm. 32, diciembre 1967, páginas 1 y sigs. El texto de todos ellos puede verse en la revista **Información Jurídica** que publica el Ministerio de Justicia, núm. 296, dedicado al año Internacional de los Derechos humanos, enero-marzo 1968, págs. 27 y sigs.

(2) Puede verse el texto íntegro en el cit. núm. de **Información Jurídica**, págs. 29 y sigs.

Para una apreciación de estos Pactos, v. el estudio de CORDERO TORRES: **Las nuevas declaraciones universales de derechos humanos**, en la **Revista de Política Internacional**, núm. 93, septiembre-octubre de 1967.

(3) «Todos los pueblos —comienza diciendo el art'culo 1.º, 1— tienen el derecho de libre determinación.»

(4) «Cada uno de los Estados Partes en el presente Pacto —expresa el artículo 2.º, 1— se compromete a respetar y a garantizar a todos los individuos que se encuentren en su territorio y estén sujetos a su jurisdicción los derechos reconocidos en el presente Pacto, sin distinción alguna de raza, color, sexso, idioma, religión, opinión política o de otra índole, origen nacional o social, posición económica, nacimiento o cualquier otra condición social.»

como excepción la posibilidad de imponerse la pena de muerte en los paises que no la hayan abolido); a la libertad y seguridad personales; a la libre circulación y residencia; a la igualdad ante la ley; a ser juzgada toda persona con las debidas garantías; a recibir adecuada satisfación por los errores judiciales de que pueda ser víctima; al reconocimiento de su personalidad jurídica; a no ser objeto de injerencias arbitrarias o ilegales en su vida privada, su familia, su domicilio o su correspondencia, ni de ataques ilegales en su honra y reputación; a las libertades de conciencia y de religión, de opinión y de expresión, de asociación y de reunión pacífica y de contraer matrimonio. Proclama también la igualdad de derechos y responsabilidades de ambos cónyuges, y los derechos del niño. Y en el orden político, concede a todos los ciudadanos los derechos de participar en la dirección de los asuntos públicos, directamente o por medio de representantes libremente elegidos, y tomar parte en elecciones periódicas, auténticas, realizadas por sufragio universal e igual con voto secreto. Como disposiciones generales complementarias establece, entre otras, que se garantiza a hombres y mujeres la igualdad en el goce de todos los derechos civiles y políticos y que, salvo por lo que se refiere a determinados derechos que se detallan, podrán los Estados adoptar disposiciones que, en la medida estrictamente limitada a las exigencias de la situación, suspendan las garantías de los derechos reconocidos en el Pacto.

El Pacto Internacional de derechos económicos, sociales y culturales (que consta de un Preámbulo y cinco Partes con 31 artículos) versa sobre los derechos a la libre determinación de los pueblos y a la no discriminación; al trabajo en condiciones equitativas y satisfactorias; a fundar toda persona sindicatos y afiliarse al de su elección; a la huelga (que, sin embargo, ha de ejercitarse «de conformidad con las leyes de cada país»); a un nivel de vida adecuado a la persona y a su familia; a participar en la vida cultural, lo mismo que a gozar de los beneficios de la ciencia...

Ambos Pactos fueron firmados por doce Estados. Pero lo que causa asombro es que esos Estados, a pesar del aparente ardor que pusieron en su firma, se han abstenido de ratificarlos. Por lo menos, a fines del pasado año 1967, no se habían registrado ratificaciones o adhesiones (1). Se hallan, pues, estas Convenciones en suspenso y sólo podrán entrar en vigor cuando haya llegado a las Naciones Unidas el trigésimoquinto instrumento de ratificación o de adhesión.

E. **Convenios a nivel regional europeo. Convención para la salvaguardia de los derechos del hombre de 1950 y Carta Social de 1961.**—Más esperanzas que en los convenios de tipo universalista, cabe poner en los Pactos a nivel regional.

Por el momento, el movimiento a favor de estos últimos ha tenido ya una manifestación importante en la **Convención Europea para la salvaguardia de los derechos del hombre,** del Consejo de Europa, firmada en Roma por quince Estados de la llamada Europa Occidental del 4 de noviembre de 1950, con un Protocolo adicional suscrito en París el 20 de marzo de 1952 (2). La entrada en vigor lleva la fecha de 3 de septiembre de 1953, día en el cual fue recibido el décimo instrumento de ratificación que, según el artículo 66, número 2.°, era necesario para esta vigencia.

Se recogen y reconocen en esta Convención, con criterio muy amplio, los derechos llamados fundamentales, personales o individuales, según el espíritu imperante en Europa en materia de derechos humanos; pero no se da todavía cabida a los llamados derechos sociales. Y la mayor novedad que nos ofrece es la de atender a la protección de aquellos derechos

---

(1) Así lo afirma el **Boletín de la Comisión Internacional de Juristas,** número 32, diciembre de 1967, pág. 2.

(2) Véanse sobre esta Convención: PASCUAL MENEU: **La Comisión y la Corte Europeas de los derechos del hombre,** en **Revista de Derecho Español y Americano,** noviembre-diciembre de 1957, págs. 3 y sigs.; Manuel DIEZ DE VELASCO: **Mecanismos de garantía y medios procesales de protección creados por la Convención Europea de los Derechos del Hombre,** en el **Homenaje a Pérez Serrano,** Madrid, Reus, 1959, t. II, págs. 585 y sigs., y **Organos de protección de la Convención Europea de Derechos del Hombre,** en la Revista **Temis,** Universidad de Zaragoza, núm. 5, 1959, págs. 95 y sigs.; Ramón SAINZ DE VARANDA: **Significación de la Convención Europea de los Derechos del Hombre,** en la misma Revista y número, págs. 129 y sigs., y J. L. PARDOS PEREZ, **Protección internacional del individuo, I, Convención europea de derechos del hombre y libertades fundamentales. Madrid, 1963.**

mediante un sistema de **control jurisdiccional.** Esta protección se actúa a través de tres principales órganos, que son: la **Comisión Europea de Derechos del Hombre,** el **Comité de Ministros** y el **Tribunal Europeo de Derechos del Hombre** (1). Como complemento de la Tabla de derechos enunciada en esta Convención y que contiene tan sólo los derechos ciudadanos básicos, el propio Consejo de Europa, después de una larga preparación y con la colaboración de la Oficina Internacional del Trabajo, ha dado cima a la redacción de la **Carta Social Europea,** comprensiva de los derechos económicos y sociales. Fue firmada en Turín por trece de los dieciséis Estados miembros de dicho Consejo, en 18 de octubre de 1961. Austria estampó su firma posteriormente. Ha entrado en vigor este Tratado internacional, para los países que lo han ratificado, con fecha 26 de febrero de 1965 (2).

La **Carta Social** no se ocupa tan sólo de la protección de los trabajadores, sino que comprende, además, la protección del niño, de la mujer casada y de la familia, y enuncia el derecho del ser humano a la protección de la salud y a la asistencia social y médica.

Las garantías establecidas para promover y fiscalizar la aplicación de esta Carta difieren fundamentalmente de las creadas por el Convenio europeo de 1950 para la protección de los derechos fundamentales humanos, pues no instituye la misma ningún órgano judicial o cuasi judicial con la misión de entender en las quejas individuales, y el Comité de Ministros sólo puede formular recomendaciones a los Estados miembros. De todos modos, la **Carta Social** implica para tales Estados un programa de trabajo para ir avanzando en aquellas realizaciones que puedan conducir a su aplicación práctica.

---

(1) V., sobre todo, el excelente y ya citado estudio del Profesor DIEZ DE VELASCO sobre **Mecanismos de garantía y medios procesales de protección creados por la Convención europea de los derechos del hombre,** en el **Homenaje a Pérez Serrano,** vol. II, págs. 585 a 663.

(2) Puede verse la **Carta Social Europea,** en el **Boletín de la Comisión Internacional de Juristas,** marzo de 1964, págs. 1 a 8; y más extensamente, PAPADATOS (Pierre), **La Carta Social Europea,** en la **Revista de la Comisión Internacional de Juristas,** vol. VII, núm. 2, invierno de 1966, **págs. 246 a 280.**

En general, es de esperar que las Convenciones europeas, y las americanas que están en preparación, si llegan estas últimas a formalizarse, podrán ir haciendo mucho, aunque sea lentamente, en la vía de las actividades dirigidas a la protección y ejercicio efectivo de los derechos humanos.

F. **Las Declaraciones de derechos, como labor de las Comisiones de Juristas.**—Tiene estrecha relación con las Declaraciones de derechos de la **Declaración de Nueva Delhi,** emitida por el Congreso que allí se celebró el 10 de enero de 1959, bajo los auspicios de la Comisión Internacional de Juristas (organización no oficial que tiene su sede en Ginebra), con asistencia de ciento ochenta y cinco congresitas, procedentes de cincuenta y tres países (1). En su Preámbulo se destaca la función que corresponde a los juristas, «no sólo para salvaguardar y promover los derechos civiles y políticos del individuo en una sociedad libre, sino también para crear condiciones sociales, económicas, culturales y de educación, bajo las cuales puedan cumplirse plenamente las aspiraciones legítimas del hombre y quede garantizada su dignidad».

VII

EL PROBLEMA ESTIMATIVO DE LAS DECLARACIONES DE DERECHOS

1. Aspectos negativo y positivo de este problema

Se piensa a veces, no sin razón, que las Declaraciones de derechos tienen una significación circunstancial y efímera porque responden a momentos en que los pueblos, por mutaciones políticas o acontecimientos extraordinarios, sienten la nece-

(1) V. **Revista de la Comisión Internacional de Juristas,** 1959, II, 1, páginas 7 a 19. La inserta también GOLDSCHMIDT, **Introducción al Derecho,** ed. cit, págs. 424 y sigs.

sidad de abrir una nueva etapa y hacer pública manifestación de sus convicciones ideológicas. Se dice también que las más serias Declaraciones son, casi siempre, meramente teóricas, sin alcance ni eficacia práctica. E incluso se podría argumentar que ni siquiera son de rigor tales Declaraciones para el régimen del Estado de Derecho y el funcionamiento de la democracia liberal. «Inglaterra, cuna de libertades, maestra de Derecho público, no tiene —aduce PEREZ SERRANO— una verdadera declaración de derechos. Aun la libertad de reunión, tan decisiva en su historia y en su vida política diaria, carece de consagración solemne y de regulación legal específica. Por donde claramente se advierte que los derechos fundamentales pueden existir y practicarse sin necesidad de que un texto escrito los formule y garantice» (1).

Sin embargo no hay que desestimar en absoluto a tales Declaraciones. No cabe desconocer la importancia y virtualidad que tienen, en ocasiones, estas afirmaciones de ideales jurídico-políticos en orden a la regulación armónica y justa de la convivencia humana. Las Tablas de derechos no serán inútiles cuando signifiquen la expresión sincera de bienes jurídicos de alta y oportuna relevancia que merezcan y aconsejen una consagración oficial acompañada de las máximas garantías.

2. Valoración histórica de las Declaraciones de derechos

No puede verse en las Declaraciones el motor principal y decisivo de la evolución humana. No cabe fundar la Filosofía de la Historia ni la Ciencia Política en el hecho, concebido abstractamente, de la lucha entre el individuo y el Poder. Sería equivocado, como muy bien observa el profesor RUIZ DEL CASTILLO, querer sorprender «en el proceso de emancipación de las fuerzas individuales el sentido de la cultura y del progreso». Hay momentos «en los que el propio Poder favorece la libertad, la hace efectiva y la despierta. Los derechos del hombre, como

(1) **La evolución de las Declaraciones de derechos**, cit., pág. 84.

tesis y abstracción, son **conquista.** Pero los derechos concretos que han membrado la vida social y han ofrecido garantías a las vidas, concretas también, de los hombres, han nacido de varias fuentes y no han sido invariablemente resultado de una pugna ni producto de oposiciones o de discrepancias» (1). Tenemos ya muy advertido que la afirmación de la persona humana y de sus derechos fundamentales responde a tradiciones muy anteriores a las proclamaciones contenidas en las modernas Declaraciones de derechos, pues está vinculada, en su fondo, al Cristianismo y a la idea del Derecho natural, y ligada, en sus manifestaciones políticas, a infinidad de procedimientos utilizados por casi todos los pueblos para impedir las extralimitaciones del poder soberano.

No obstante, son estrechas las ligaduras que unen al Estado moderno con las Declaraciones de derechos. No hay que atribuir a éstas el nacimiento del **Estado de Derecho,** ni mucho menos el descubrimiento de la personalidad humana; pero hemos de reconocer que su aportación ha sido muy útil para la consolidación de los Estados constitucionales sujetos a un régimen de **imperio de la Ley.** En los momentos actuales, por otra parte, están siendo las Declaraciones muy provechosas para la evolución hacia un difícil, pero anhelado y necesario, Estado **supranacional.**

3. **Valoración ética y jurídica**

Como demostración del significado jurídico y ético de las Declaraciones de derechos, basta que consideremos su ostensible enlace con la noción del Derecho natural. Esta idea —inseparable de la Etica, pues no es otra cosa que la Etica aplicada a la ordenación de las relaciones humanas— no es ajena a las formas antiguas de las Declaraciones, y parece, sobre todo consustancial con las formas modernas. Fue la Filosofía del siglo XVIII, a través de la escuela —racionalista— del

(1) **Manual de Derecho político,** cit., pág. 316.

Derecho natural la inspiradora de la proclamación de los llamados derechos del hombre y del ciudadano. Se consideraba portadora de tales derechos la persona misma, cuyo valor frente al poder, se afirmaba y, en lo posible, se garantizaba. La que se conceptúa como primera de las modernas Declaraciones, la del buen pueblo de Virginia de 1774, proclamaba que sus libertades y derechos eran inherentes a la naturaleza humana, de tal modo que nadie ni las autoridades estatales podían atentar a ellos. Todavía en el preámbulo de la Constitución francesa de 1848 se declara explícitamente que la República democrática «reconoce derechos y deberes anteriors y posteriores a las leyes positivas». En nuestra patria, la Constitución, radicalmente liberal, de 1869, da a los derechos que proclama la consideración de derechos naturales, vinculados a la naturaleza humana y anteriores al propio orden constitucional. Y hoy, en las Leyes Fundamentales del Estado español, es patente el fundamento y sentido ético de la formulación de derechos.

Mas desde el punto de vista estrictamente positivo, el valor y la obligatoriedad de las Declaraciones suele no ser claro y suscitar dudas. Se discutió siempre en Derecho constitucional el valor jurídico de las Declaraciones de derechos. A veces tienen sus enunciados valor positivo inmediato; otras son simples requerimientos al legislador para establecer una ulterior ordenación; con frecuencia se trata de expresiones programáticas o de afirmaciones teóricas o postulados morales que aconsejan o recomiendan el respeto a ciertas normas de conducta o el cumplimiento de determinados deberes. Sobre todo, los llamados derechos sociales de las Constituciones modernas, tan ampliados en las actuales Declaraciones universales o multinacionales, se mantienen con frecuencia en el terreno de lo programático.

Por otra parte, la eficacia de las Declaraciones de derechos está muy limitada por las cláusulas de suspensión de garantías que pueden establecer las Constituciones. A la admisión de tales situaciones de excepción está subordinada, en buena parte, la realidad efectiva de los derechos reconocidos.

4. Condiciones necesarias para el logro de las finalidades de las Declaraciones de derechos

Las Declaraciones no dan, por sí solas, efectividad a los derechos humanos fundamentales. Estos responden a las exigencias de un conjunto de principios políticos y jurídicos característicos de una cultura, los cuales, a su vez, responden, en su fondo y en sus raíces, a una determinada concepción del mundo. ¿Cómo han de ser idénticas, aunque sean textualmente más o menos coincidentes, la Declaración de derechos que se formule en un pueblo de civilización cristiana y la que se enuncie en otro país que se nutra de la cultura marxista?

En el ámbito y el ambiente cultural de los países integrantes del Occidente europeo y americano, de tradición cristiana, podemos sentar como condiciones necesarias para que las Declaraciones de derechos sean algo más que meras afirmaciones teóricas y obtengan efectiva realización, las siguientes:

a) En primer lugar han de responder las mismas a adecuados principios e ideales ético-jurídicos. No hemos de señalar aquí cuáles sean éstos, pues ya nos hemos ocupado de ellos al hablar de la fundamentación filosófica y jurídica de los derechos humanos. Diremos sólo que se requiere que la Declaración de los derechos obedezca a una pertinente escala de valores en la que tenga preponderancia el valor justicia (con base, a su vez, en el reconocimiento de la personalidad) sobre los demás valores sociales. En el pensamiento actual es expresión de esta fundamentación ético-jurídica de los derechos humanos la fórmula, de sentido armónico y social, del **humanismo cristiano,** tan ligado al iusnaturalismo clásico; si bien no faltan posiciones y realidades favorables para el que ha sido llamado **socialismo humanista,** el cual, aun partiendo de una base colectivista, siente el deseo de superar al colectivismo extremo y de llegar a una auténtica síntesis de autoridad y libertad, de la comunidad con la persona, prestando más atención a los valores de la personalidad humana, respetados y actuados según imperativos de justicia, que a las libertades individuales y avances sociales políticamente proclamados (1).

b) En relación íntima con la anterior exigencia se estima necesario que las Declaraciones estén al servicio de un Estado de Derecho que garantice la efectividad de las mismas. Así, el tercer considerando de la Declaración Universal señala que es esencial que los derechos fundamentales del hombre sean protegidos por un **régimen de Derecho** (2). Quizá, sin embargo, hayamos de plantearnos en la hora actual el problema de si no será deseable que ese Estado de Derecho sea no ya un **Estado de mero Derecho** (**Estado de legalidad,** que realice únicamente el valor de la certeza), sino, a la vez y fundamentalmente, un **Estado de justicia** (que sea un **Estado de legitimidad** y persiga la realización de un ideal moral) (3).

c) No ha de perderse nunca de vista el nexo entre los **derechos** y los **deberes** humanos. Las clásicas Declaraciones de la época individualista pusieron mayor empeño en proclamar los derechos que en asignar los deberes: su propósito era determinar la esfera de libertades del individuo. Hoy hemos de tener en cuenta que es la idea de deber la que está impregnada de mayor sentido ético y social, y que las Declaraciones actuales se ven, por ello, en la necesidad de otorgar no poca importancia a la expresión de los deberes. Sin embargo, no conduce a nada llevar a dichas Declaraciones la formulación de simples

---

(1) Los representantes de esta tendencia —nos dice José M.ª GONZALEZ-ESTEFANI— «consideran con mayor interés el valor **justicia,** en sus diferentes modalidades, que el valor **libertad.** La justicia, con la seguridad comunitaria que aporta, les parece más perentoria que la falsa libertad de una simple proclamación de derechos» (**El socialismo humanista, 1800-1965**, en la revista **Arbor,** julio-agosto de 1968, pág. 6).

(2) Cfr. **The Rule of Law and Human Richts,** editado por la Comisión Internacional de Juristas. Ginebra, 1966.

(3) La contraposición de Estado de Derecho y Estado de Justicia es uno de los temas que fueron discutidos en el VI Congreso Nacional de Filosofía del Derecho que se celebró en Pisa del 30 de mayo al 2 de junio de 1963. Pueden verse las ponencias de los profesores Guido FASCO y Giacomo PERTICONE en la **Rivista Internazionale di Filosofia del Diritto,** núm. de enero-febrero 1963, páginas 81-130. V. también, sobre la distinción de que se trata, Otto BACHOF, **Jueces y Constitución,** traducción de R. BERCOVITZ. Madrid, Taurus, 1963, págs. 15 y sigs.

deberes morales no sancionables jurídicamente. Honra a nuestra historia política la conocida Declaración de la Constitución de Cádiz, que prescribía a las españoles el amor a la patria y les imponía el deber de ser justos y benéficos; pero la ingenuidad de entonces nos parecería hoy impropia de un texto legislativo y hasta ridícula.

d) Es obvio, y despréndese ya de cuanto llevamos expuesto, que las Declaraciones, para lograr verdadera eficacia, han de ceñirse sobriamente a aquellos derechos verdaderamente fundamentales y esenciales que tengan su asiento en la conciencia social y que merezcan y puedan lograr una seria protección oficial (nacional o internacional). He aquí uno de los fallos de las Declaraciones contemporáneas, constitucionales o universales, que, guiadas por empeños ideológicos más que por un sentido de las realidades políticas, han ido ensanchando, cada vez más, la tabla de los derechos humanos. Como dijo elegantemente el Profesor PEREZ SERRANO, «las Declaraciones han crecido desaforadamente en extensión, en anchura; principios simplemente formales y abstractos en un comienzo, se han convertido en normas de pródigo contenido económico y social; garantías pensadas sólo para la vida individual son hoy complejos de reglas en que los núcleos colectivos ocupan lugar destacadísimo; y sobre todo, parvos enunciados de aspiraciones esencialísimas, indispensables, han dejado paso a extensos catálogos de bienes múltiples en que se emparejan las necesidades apremiantes y fundamentales, con necesidades artificiales o transitorias, en que se entrelazan lo permanente y lo fugaz, acaso lo fundado y lo caprichoso, el ansia eterna y la ilusión momentánea... Fueron al principio unos pocos derechos, pero esenciales, seleccionados y de rango primario. Van siendo ahora muchos, aglomerados en tropel, sin seria discriminación de calidades, no pocas veces sin relieve sustancial y perdurable. Con ello se pierde la jerarquía que por razón de su intrínseco valor permitía una diferenciación justificada, y al mezclarse en un mismo conjunto los postulados cardinales y las salpicaduras de una apasionada reacción ocasional, sufre la institución en sí, pues al ser parificados los caprichos momentáneos y las convicciones eternas, es lícita la duda respecto a todo el catálogo así establecido» (1).

El confusionismo innecesario que las Declaraciones de derechos han producido a partir, sobre todo, de la inclusión en ellas de los que se llaman derechos sociales, económicos y culturales, preocupa ya a juristas muy entusiastas del Estado de Derecho, que suponen podría ser debilitado su concepto por esta tendencia de ahora a injertarle principios ajenos a su razón de ser y finalidad (2). Lo cierto es que no favorece nada al respeto que merecen los derechos humanos una excesiva ampliación de su concepto que lo haga completamente impreciso, separándolo de la noción tradicional, tan jurídica, de los que se llamaban **derechos naturales.**

e) Finalmente, es de toda necesidad y evidencia que las Declaraciones de derechos, tanto las formuladas constitutivamente por los Estados como las dictadas por los documentos o Convenios internacionales, para llegar a la realidad de la vida práctica, han de ser objeto de adecuado desarrollo legislativo que concrete la regulación de esos derechos fundamentales humanos y de sus adecuadas garantías.

---

(1) **La evolución de las declaraciones de derechos,** cit., págs. 86 y 88.

(2) V. Mario DIAZ CRUZ: **Estado de Derecho, Quo Vadis?,** en **Comparative Juridical Review,** vol. 5, Florida, 1968, págs. 213 y sigs.

VIII

LAS GARANTIAS JURISDICCIONALES Y DE ORDEN PROCESAL DE LOS DERECHOS DEL HOMBRE

1. Precedentes históricos

La protección jurisdiccional de los derechos humanos, especialmente en sus manifestaciones relativas a la libertad y seguridad personal, que es la base de todos los derechos individuales, tiene ya, según vimos, precedentes muy interesantes en la historia de Inglaterra. Su tipo jurídico fue el **Habeas corpus**, que, rodeado de la eficacia que le concedía la autoridad de los Jueces y las formas propias de un proceso, agrupaba, según nos advierte RUIZ DEL CASTILLO, «garantías de libertad en favor del detenido que no ha delinquido; garantías de libertad bajo fianza en favor del acusado, o, en otro caso, garantías de rápido enjuiciamiento» (1). Como añade este docto tratadista, no dejó de poseer Inglaterra Declaraciones de derechos (como la **Petition of Rights** y el **Bill of Rights**); mas «para el inglés ofrecen mayor importancia las garantías (como las del **Habeas corpus**) que otorga el Juez y que descansan en la regularidad inflexible del procedimiento» (2).

En nuestra patria, como también hubimos de ver, los **procesos forales** (firma y manifestación) de la historia política aragonesa, eran garantía judicial de las libertades individuales, a la vez que de una justicia imparcial y de un procedimiento regular.

---

(1) **Manual** cit., pág. 359.
(2) Ibidem, pág. 360.

2. Las garantías jurisdiccionales en la época moderna

A. **Notas generales.**—Ha sido una novedad moderna la de inscribir los derechos más esenciales de la persona humana en el texto de un documento constitucional; y debió pensarse ingenuamente en un principio que estas Declaraciones bastaban para que los derechos fuesen reconocidos por todos y respetados por las autoridades. Pero bien pronto se pudo comprobar que de poco sirven las meras Declaraciones de los Derechos si no van acompañadas de las **garantías** que aseguren su eficacia. Ha llegado así a ser nota característica del Derecho constitucional la fijación de garantías, de orden jurisdiccional y procesal, que completen la declaración solemne de los derechos del hombre y promuevan la efectividad de los mismos. De este modo, al quedar consagrados por el propio texto constitucional los principales medios procesales a través de los cuales puede reclamarse la protección de los derechos fundamentales, el problema de las garantías jurisdiccionales de los derechos humanos resulta ligado al de la defensa de la Constitución misma, o sea el de la llamada **jurisdicción constitucional.**

Es de notar, sin embargo, que así como las **Declaraciones** no agotan el catálogo de los derechos humanos, tampoco las **garantías constitucionales** son excluyentes de la existencia de otros posibles medios tutelares de tales derechos y del principio de legalidad. El proceso ordinario y, sobre todo, el llamado contencioso-administrativo pueden ejercer, aun fuera del ámbito constitucional, una eficaz colaboración para el control de aquellos derechos.

De otra parte, la jurisdicción constitucional puede actuar a través de procedimientos unitarios para toda clase de garantías o bien de procedimientos diferenciados para la propia defensa constitucional y para la protección de los derechos individuales. Así, en este segundo sentido, la Constitución de la II República española de diciembre de 1931 atribuyó al **Tribunal de Garantías Constitucionales** acumulativamente, pero bajo el concepto de modalidades diversas, el recurso de **inconstitucionalidad** y el de **amparo de garantías individuales,** cuando hubiera sido ineficaz la reclamación de éstas ante otras autoridades (1).

B. **Sistemas posibles.**—Son diversos los sistemas que, tanto en la doctrina como en el Derecho comparado, se ofrecen para la tutela de la Carta Constitucional y de los derechos proclamados por la misma. Pueden distinguirse sobre todo: un sistema de garantía **política** o **parlamentaria;** un régimen de garantía propiamente **judicial,** y sistemas **mixtos** que pretenden combinar los elementos componentes de los dos anteriores. Dentro de cada uno de ellos caben matizaciones diferentes.

a) **Sistemas de control político o parlamentario. La nueva institución del «Ombudsman».**—Pueden estos sistemas ser diversos según atribuyan la jurisdicción constitucional al Jefe del Estado (el Presidente en los regímenes presidenciales), a las Cámaras legislativas (en los regímenes parlamentarios) o a organismos especiales de configuración más que judicial, marcadamente política.

El sistema de control **parlamentario** ha gozado de mucho auge en la doctrina constitucionalista clásica (siglo XIX y comienzos del XX) apoyada principalmente en estas dos razones: una, la de que la materia constitucional ha de corresponder a los normales órganos legislativos, que son, cuando están elegidos por sufragio universal, los más representativos de la voluntad popular, y otra, que el principio de división de los poderes (al que se le daba una interpretación excesivamente formalista) sólo atribuye a los Jueces el poder de pronunciar sus decisiones **secundum legem** y no **de legibus,** lo que excluye el control material de la constitucionalidad de las leyes.

Sin embargo, el sistema de que se trata ha ido perdiendo terreno a causa de su embarazoso funcionamiento práctico. Cuando menos, va perdiendo su pureza a medida que se adop-

(1) V. sobre este Tribunal, N. PEREZ SERRANO: **La Constitución española.** Madrid, 1932, págs. 324 y siguiente.

tan, para particulares supuestos y posibilidades, procedimientos específicos de decisión, distintos del típicamente parlamentario.

Ultimamente ha aparecido, como modalidad del control ejercido por el Poder legislativo sobre el ejecutivo, la nueva institución llamada el **Ombudsman,** especie de Comisario o defensor del ciudadano, designado por la Cámara legislativa para recibir y tramitar las reclamaciones de los particulares contra la Administración y sus órganos. Procedente de Suecia y naciones escandinavas, esta institución del **Ombudsman** ha sido también implantada, con las oportunas adaptaciones, en el Reino Unido, por una ley de 1.º de septiembre de 1966.

La Comisión Internacional de Juristas, en su programa para la que denominaba en 1965 «Campaña Mundial en pro de los Derechos Humanos», recomendó se tomase, a escala nacional, la institución del **Ombudsman** y su aplicación allí donde fuese factible. Posteriormente, la propia Comisión, en la Conferencia Europea de Juristas sobre «El individuo y el Estado», reunida en Estrasburgo en 1968, ha reiterado esta recomendación (1).

En España se ha hablado de ella; pero, en realidad, no se acomoda a nuestras tradiciones jurídicas, ni a nuestro actual sistema político, ni a las esencias de nuestro régimen legal y administrativo. Téngase en cuenta que en nuestro país el control de la Administración corre, al menos en principio, a cargo de la jurisdicción contenciosa.

b) **Sistemas judiciales.**—Tienen también los mismos no pocas variedades. Puede encomendarse la defensa de las libertades y derechos individuales a los órganos judiciales de la magistratura ordinaria, con las formas y procedimiento propios de ella (sistema llamado de **jurisdicción difusa**) o sólo

(1) El núm. 17 de sus Conclusiones dice así: «La institución del **Ombudsman,** que hoy funciona en Dinamarca, Finlandia, Guayana, Inglaterra, Nueva Zelanda, Noruega, Suecia y Tanzania, ha demostrado tener considerable valor tanto como tutela de los derechos del individuo como para el logro de una administración más eficaz. La creación de una institución de este tipo o de naturaleza similar podría ser un complemento de positiva importancia para el sistema de garantía judicial existente en toda jurisdicción y, en particular, en los países donde no rige un sistema establecido de Tribunales administrativos» (**Boletín de la Comisión Internacional de Juristas,** núm. 36, diciembre de 1968, página 8).

al órgano más elevado de la misma, cual es la Alta Corte de Justicia o Tribunal Supremo (caso de la que se llama **jurisdicción concentrada**) o bien a un **Tribunal especial** expresamente constituído para esta función y que tenga a su cargo la defensa de las libertades y derechos humanos o de los llamados derechos públicos subjetivos (sistema que tiene su exteriorización más saliente en la institución alemana del **Tribunal constitucional** o en la mejicana o en general iberoamericana del **recurso o juicio de amparo**).

Los sistemas judiciales de control constitucional y, sobre todo, de defensa de derechos humanos, tienen una justificación muy clara. Son una secuela del **principio de legalidad**, propio del **Estado de Derecho**, que obliga a la observancia no sólo de la ley, sino en general del Derecho objetivo por todos y, consiguientemente, en todas las actuaciones de los órganos estatales. La Constitución no deja de ser una ley (la ley positiva fundamental y primaria). Por ello, el **control de la legalidad** ejercido por los Tribunales ha de incluir, lógicamente, el **control de la constitucionalidad**. Supone éste una confrontación de las conductas, privadas o públicas, con el ordenamiento jurídico, y ello implica una operación de **juicio** que ha de estar a cargo de los jueces.

No es objeción válida contra estos sistemas judiciales la teoría de la división de poderes, ya que el sentido o finalidad de la misma no es otro que el de evitar la concentración del poder del Estado. «Precisamente —dice Otto BACHOF— desde el punto de vista de la división de poderes la limitación de poder que experimentan el Parlamento y el Gobierno mediante el control judicial se sitúa sólo como una corrección necesaria, como un humilde intento de restablecimiento del equilibrio frente al enorme aumento de poder que el legislativo y el ejecutivo han experimentado en las últimas décadas, a causa del crecimiento de sus funciones y de la desaparición de antiguos factores de sujeción» (1).

c) **Sistemas mixtos.**—La versión mixta de una jurisdic-

---

(1) **Jueces y Constitución**, trad. de Rodrigo BERCOVITZ. Madrid, Taurus, 1963, pág. 50.

ción constitucional que no sea de tipo plenamente político ni de tipo estrictamente judicial ha logrado alcanzar en la Europa Occidental, a partir de la primera postguerra mundial y especialmente de la segunda, gran difusión. La característica de estos sistemas es confiar esa jurisdicción constitucional a órganos constituídos en parte por miembros **judiciales** o cuando menos **técnicos** (Magistrados, Profesores universitarios, etcétera, escogidos por el Jefe del Estado o por los organismos judiciales más elevados) y en parte también por miembros calificadamente **políticos** (generalmente designados por las Cámaras). Se suele dar a los mismos la consideración o denominación de Tribunales especiales y actúan con procedimientos que suelen diferir bastante de los judiciales ordinarios.

Se suele dar a la solución de que se trata el calificativo de sistema austríaco, porque fue establecido en Austria, en 1919, mediante la creación de un **Tribunal Constitucional**, modificado luego por la Constitución de 1929 y por una Ley de 1931.

Acogió este sistema la Constitución de la II República Española, de 1931, bajo la conceptuación de un recurso de amparo de garantías. Los derechos individuales estaban garantizados en dicha Constitución por los **Tribunales de urgencia** (encuadrados dentro de la jurisdicción ordinaria), encargados de hacer efectivo ese derecho de amparo (art. 105) y mediante el recurso ante el **Tribunal de Garantías Constitucionales** (constitutivo de una jurisdicción especial), que actuaba cuando hubiere sido ineficaz la reclamación ante otras autoridades (art. 121, ap. b). Estaba integrado el Tribunal de referencia por jueces y por representantes de la Cámara. Fue regulada la procedencia, interposición y tramitación del recurso de amparo en que entendía este Tribunal por la Ley Orgánica del mismo de 14 de junio de 1933.

Posteriormente, en las Constituciones actuales, a partir de la segunda postguerra, las fórmulas mixtas van teniendo gran aceptación. Sirvan de ejemplo las Constituciones francesas de 1946 y 1958 con su **Consejo Constitucional**, y la italiana de 1947 con su **Tribunal Constitucional**, órgano éste de naturaleza **jurídico-política**, no comprendido en el Poder judicial ni en ninguno de los tres Poderes clásicos) (1), que tiene funciones bastantes complejas y está compuesto por miembros elegidos por las supremas magistraturas (de entre magistrados, profesores ordinarios de Facultades de Derecho o abogados con veinte años de servicio), otros por el Parlamento y un último sector por el Presidente de la República. Nótese, sin embargo, que a este Tribunal constitucional se pueden dirigir, con el procedimiento de la acción de anulación, no los particulares, sino determinados órganos estatales, entidades públicas, etc. (2), y que para la tutela de los derechos públicos subjetivos se ha dejado sólo la vía ordinaria de la acción o del recurso a la magistratura **ordinaria** o **administrativa** (3).

Unicamente con estas últimas limitaciones parecen defendibles los sistemas mixtos que, con todo, gozan de muchas adhesiones. Se aducen en pro de ellos razones de **técnica jurídica** (obtener un compromiso entre el principio de observancia del Derecho objetivo en todos los actos de los órganos estatales, con el principio, generalmente antitético, de la independencia de los órganos constitucionales, que implica, entre otras cosas, la configuración de expresas garantías, también frente a la magistratura ordinaria para protección de los particulares) y de **oportunidad política** (para defender los principios democráticos, atribuyendo con más amplitud las funciones jurisdiccionales a órganos que parezcan más idóneos que la magistratura ordinaria para valorar su intrínseca politicidad) (4).

C. **Tipos más destacados de control judicial en los ordenamientos positivos actuales.**—a) **El tipo plenamente judicial norteamericano. Papel desempeñado por el Tribunal Supremo federal.**—Especial interés ofrece, por sus peculiaridades y la fama de que goza, el régimen de los Estados Unidos de América, donde las garantías procesales de tipo enteramente judicial alcanzan el mayor relieve. Los poderes del Juez tienen en

(1) V. BISCARETTI: Op. cit., págs. 557 y sigs.
(2) Ibidem, pág. 567.
(3) Ibidem, pág. 564.
(4) Ibidem, pág. 546.

aquella república su base en la propia concepción anglosajona del Derecho, que ve sus orígenes más que en la ley en la decisión judicial. Al amparo de esta concepción ha podido desarrollarse un sistema difuso de garantías constitucionales en el que, en principio, queda confiado a la común magistratura federal el control material de constitucionalidad de las leyes; si bien, como advierte BISCARETTI, «las cuestiones de más relieve suelen siempre llegar a través de varios grados de la jurisdicción federal (Tribunal de Distrito y de Apelación) hasta el Tribunal Supremo de Washington» (1). En definitiva, el Tribunal Supremo, en su control de legalidad, protege la libertad y derechos de los ciudadanos contra las autoridades de los Estados particulares y contra la autoridad federal de la Unión.

Los poderes tan amplios del Tribunal Supremo americano para enjuiciar la constitución de las leyes, aunque fundados en la Constitución de 1787 (art. 3.º, sección 2.ª, párrafo 1.º), no están precisados en ella de manera directa y precisa. Su sanción es el producto de la propia jurisprudencia de aquella Corte Suprema (sobre todo a partir de un fallo del año 1803), la cual ha hecho desigual uso de esos poderes según las épocas y las circunstancias (2). Ha sido muchas veces objeto de críticas lo que se llama el **Gobierno de los Jueces** en Norteamérica, y parece que en los últimos años la actuación del Tribunal Supremo ha perdido alguna influencia dentro de la esfera política y legislativa, o sea en el control de las leyes federales. Mas en la materia que aquí nos interesa, o lo que es igual, la defensa de los derechos públicos individuales (las llamadas **civil liberties**), conserva toda su importancia (3).

No ha sido considerable obstáculo para la eficacia y buen funcionamiento del régimen norteamericano la circunstancia de la forma de designación de los Jueces del Tribunal Supremo por el Presidente de la República con la aprobación (casi siempre formularia) del Senado, pues aun cuando esto parece que

---

(1) BISCARETTI: Op. cit., pág. 565.

(2) V. el interesante discurso de SANCHEZ AGESTA: **La función constitucional del Juez (Las interpretaciones del modelo americano y su posible vigencia en España)**, en la Real Academia de Jurisprudencia y Legislación, año 1967.

(3) V. BISCARETTI: Op. cit., págs. 565 y siguiente.

pudiera afectar a la independencia e imparcialidad de dicho Tribunal, el gran sentido cívico del pueblo norteamericano y el prestigio que para él tiene la Constitución evitan tales inconvenientes.

b) **El tipo judicialista de la Alemania occidental. Función del Tribunal Constitucional federal.**—Sobre la base doctrinal de aquellas teorías recientes que, especialmente en Alemania, han exaltado la función del Juez, estimando que tiene y ha tenido siempre una parte importante en la creación del Derecho, la Ley Fundamental de Bonn, de 1947, ha concedido al Poder judicial una misión de control muy clara y extensa sobre los otros llamados «Poderes del Estado», el Legislativo y el Ejecutivo. «Toda persona cuyos derechos sean vulnerados por el Poder público —reza el art. 19, párrafo 4.º de esta Constitución— podrá acudir ante los Tribunales.» Consiguientemente ha sometido, incluso al Poder Legislativo, al control de la constitucionalidad de las leyes. Se ha reservado a un Tribunal especial, el Tribunal Constitucional federal, y a los Tribunales Constitucionales de los **Lander** la **decisión** definitiva sobre la inconstitucionalidad; pero ello sin perjuicio de reconocer en los demás Tribunales una importante función de iniciación procesal y colaboración. Como garantía de imparcialidad en los Jueces que han de componer el Tribunal Constitucional federal, una Ley ordinaria ha establecido el requisito de una mayoría de dos tercios en la elección de los mismos (1).

c) **Los tipos ibero-americanos. Consideración especial del recurso de amparo.**—Es nota destacada y muy general de los Derechos ibero-americanos confiar a los organismos judiciales ordinarios las instituciones protectoras de los derechos humanos (2). Pero son variadas y están a veces entrelazadas las

---

(1) Véase, para más concretas referencias al sistema alemán, el excelente estudio de Otto BACHOF, **Jueces y Constitución**, trad. española citada.

(2) Como excepción puede citarse la Constitución guatemalteca de 1965, que al lado del amparo contra leyes inconstitucionales, de tipo tradicional, introdujo un **recurso de inconstitucionalidad,** que se hace valer ante una Corte de la Constitucionalidad, que reúne muchas de las características de los sistemas mixtos europeos.

instituciones procesales que encarnan ese control o protección judicial.

El Profesor mejicano Héctor FIX ZAMUDIO, autor de un minucioso estudio comparativo sobre «La protección procesal de las garantías individuales en América latina» (1), señala como instrumentos procesales al servicio de la defensa inmediata y directa de los derechos del hombre, en aquellos países, los siguientes:

1) **El «Habeas corpus».**—Constituye, como es sabido, un instrumento específico y, además, tradicional para la protección de los derechos fundamentales de la persona humana en el sector de la libertad personal. Puede decirse que esta institución, de tan conocido origen británico, está adoptada —nos dice FIX ZAMUDIO— «expresa o implícitamente en casi todos, por no decir la totalidad de los ordenamientos constitucionales de Latinoamérica» (2). Pero al paso que en algunas legislaciones está el **Habeas corpus** admitido expresamente y con su propio nombre, en otras, como Méjico, la garantía de la libertad personal se halla subsumida dentro del juicio de amparo, que comprende también la protección de la libertad individual contra detenciones arbitrarias.

2) **El «mandamiento de seguridad».**—Se trata de un instituto complementario del **Habeas corpus** para proteger los derechos fundamentales consagrados constitucionalmente a los que no pueda extenderse aquella tradicional garantía. Es propio este instrumento procesal de las Constituciones brasileñas, incluso la de 1967, que lo concede para proteger todo derecho no amparado por **Habeas corpus,** sea cual fuere la autoridad responsable por ilegalidad o abuso de poder (3).

---

(1) Lo publica la **Revista de la Comisión Internacional de Juristas,** diciembre de 1968, págs. 69 y sigs. V. también sobre las garantías de los derechos humanos en Iberoamérica, desde su aspecto procesal, el trabajo del profesor uruguayo Adolfo GELSI BIDART: **Proceso y garantía de derechos humanos (Informe presentado a las IV Jornadas Latino-Americanas de Derecho Procesal),** en **Revista Iberoamericana de Derecho Procesal.** Madrid, 1968, núm. 4, págs. 9 y sigs.

(2) **La protección procesal de las garantías individuales en América latina,** loc. cit., pág. 78.

(3) FIX ZAMUDIO: Op. cit., pág. 82.

3) **La acción o recurso de inconstitucionalidad.**—Es común a toda Iberoamérica —coincidiendo en ello con la América anglosajona— la admisión del control judicial de la constitucionalidad de las leyes, ejercido por el organismo judicial en su totalidad o confiado al Tribunal Superior. Pero el sistema tiene diferentes matices. En algunos ordenamientos constitucionales (Venezuela, Colombia, El Salvador, Panamá, etcétera) existe, como institución autonóma, una **acción popular de inconstitucionalidad**, mientras que en otros influídos por el Derecho mejicano, se ejercita la impugnación de inconstitucionalidad a través del recurso de amparo (1).

4) **La acción, recurso o juicio de amparo.**—Fue Méjico el primer país de Iberoamérica que estableció el juicio de amparo. Surgió éste a virtud de una enmienda constitucional del año 1847, siendo confirmado por el art. 107 de la Constitución de 1917 que encomienda a los Tribunales de la Federación el **juicio de amparo** para resolver las controversias que se susciten a causa de las leyes o actos de la autoridad que violen los derechos individuales. Puede pedir el amparo cualquier ciudadano que se considere agraviado; y el procedimiento es sumarísimo y fácil. Pero sus efectos se limitan al caso y a la persona de que se trate, sin que la decisión pueda contener ninguna declaración general que afecte al propio Derecho objetivo.

Guarda esta institución analogía con el **Habeas corpus** del Derecho inglés, y quizá más todavía con los procesos forales del Reino de Aragón. «**El Juicio de amparo** —escribe RUIZ DEL CASTILLO— es, fundamentalmente, el **Habeas corpus** y el **Fuero de manifestación,** con la particularidad de que el primero se produce ante todos los Tribunales y no es un recurso que se da ante una jurisdicción suprema o extraordinaria (**High Court,** en Inglaterra; Justicia Mayor, en Aragón), sin perjuicio de los derechos que la misma Constitución mejicana reconoce a la Suprema Corte, contra cuyos actos no cabe el recurso de amparo» (3).

---

(1) FIX ZAMUDIO: Op. cit., págs. 86 y sigs.

(2) **Manual de Derecho político** cit., pág. 364.

10

Ha sido objeto la institución de que se trata de extensa literatura (1) y ha servido de modelo o de inspiración a muchas de las Constituciones hispanoamericanas. Como escribe FIX ZAMUDIO, «el amparo mexicano ha influído directa o indirectamente en el establecimiento de instituciones procesales del mismo nombre en diversos ordenamientos de América latina, tanto por el prestigio internacional que ha llegado a adquirir la institución mexicana como por la circunstancia favorable de que la denominación posee una honda raigambre en el Derecho hispánico» (2). Lo que hay es que no en todas aquellas Repúblicas tiene el amparo un concepto idéntico. En muchas legislaciones —Argentina, Venezuela, Guatemala, El Salvador, Costa Rica, Panamá, Bolivia, Ecuador, Paraguay— el recurso o acción de amparo, nos dice ZAMUDIO, «ha adquirido un significado de instrumento protector de los derechos fundamentales consagrados constitucionalmente, con excepción de la libertad personal, que se tutela a través del tradicional **Habeas corpus,** y por tal motivo, o se regula en una Ley especial, o se consagra como un capítulo independiente en los ordenamientos sobre procedimientos constitucionales» (3).

3. **Conclusiones críticas**

La tendencia en Europa durante los últimos años, contrastando con la imperante en América, parece manifestarse en el

---

(1) Puede verse, entre muchos otros, REYES OCHOA (Rodolfo): **El juicio de amparo de garantías en el Derecho constitucional mejicano** (Conferencia pronunciada en la Real Academia de Jurisprudencia y Legislación), Madrid, 1916; VILLARTA: **El juicio de amparo y el «writ of Habeas corpus»,** México, 1896; BERMUDEZ: **La procédure d amparo contre les actes et les lois contraires à la Constitution du Mexique,** París, 1914; BERGOA: **El juicio de amparo,** México, 1950; 6.ª edición, México, 1968; FIX ZAMUDIO: **Diversos significados jurídicos del amparo en el Derecho ibero-americano,** en **Boletín del Instituto de Derecho Comparado de México,** núm. 52, enero-abril de 1965; SECCI: **Lineamientos constitucionales y procesales del juicio de amparo mexicano,** en el mismo **Boletín,** número 60, septiembre-diciembre de 1967.

(2) **La protección procesal de las garantías individuales en América latina,** loc. cit., pág. 90.

(3) Ibidem, pág. 91.

sentido de la atribución del control constitucional a órganos diversos de los judiciales ordinarios; y comparatistas muy autorizados, incluso en América, se pronuncian en favor del control de la constitucionalidad ejercido por Tribunal constitucional especial, que no forme parte de los órganos judiciales ni se integre por miembros de la carrera y de la magistratura ordinaria (1). Pero lo cierto es que los sistemas auténticamente judiciales, según ya hemos visto, tienen a su favor razones teóricas y prácticas de gran peso.

Especialmente en materia de garantía de los derechos humanos, aun cuando sean éstos constitucionalmente declarados, tiene en su pro el sistema judicial muchas ventajas por razón de la mayor objetividad con que desempeñan su función los Tribunales de justicia. Como observa Lucas VERDU, es este sistema «el más completo y perfecto para asegurar los derechos fundamentales, dadas las garantías de objetividad, imparcialidad y preparación del órgano judicial encargado del control» (2).

Es de esperar que en todos los niveles, nacionales e internacionales, y teniendo en cuenta que los primeros, hoy por hoy, ofrecen tanto o más interés que los segundos, se fije la atención, cada vez más, en los procedimientos judiciales para garantizar la efectividad —todavía no plenamente lograda— de los derechos humanos. Ha dicho MAC BRIDE, Secretario de la Comisión Internacional de Juristas, que el defecto fundamental de que pecan los esfuerzos presentes de las Naciones Unidas, tendentes a establecer un sistema de aplicación de los derechos humanos, son los de ser fragmentarios, faltos de coordinación y **de carácter político más que judicial** (3). Y la UNESCO, en la Conferencia Internacional sobre Derechos Hu-

---

(1) V. en este sentido el detenido esutdio de Mauro CAPPELLETTI: **El control judicial de la constitucionalidad de las leyes en el Derecho comparado**, México, Universidad Autónoma, 1966; recensionado ampliamente por Pedro ARAGONESES en la **Revista Iberoamericana de Derecho Procesal**. Madrid, 1967, número 3, págs. 183 y sigs.

(2) **Derechos individuales**, loc. cit., pág. 54.

(3) **Revista de la Comisión Internacional de Juristas**. Edición especial, 1968, 1.ª parte, diciembre de 1967, pág. V.

manos de las Organizaciones no Gubernamentales, celebrada en París en septiembre de 1968, dice en el resumen de sus recomendaciones, entre otras cosas, lo siguiente: «Se debe conceder prioridad total al establecimiento de un sistema judicial a nivel nacional con el objetivo de garantizar la tutela efectiva de todos los derechos enumerados en la Declaración Universal: para que esta tutela judicial sea eficaz deberá, por encima de todo, ser ejercida por un Poder judicial independiente y objetivo, que no se vea sujeto a presiones de orden político ni esté bajo el patrocinio de fuerzas políticas» (1).

IX

LA DECLARACION DE DERECHOS FUNDAMENTALES Y SUS GARANTIAS JURIDICAS EN EL ACTUAL ORDENAMIENTO ESPAÑOL

1. **Las Declaraciones de derechos en los antiguos textos constitucionales y en las Leyes fundamentales vigentes**

Nuestros códigos políticos, a partir de la instauración del régimen constitucional, han dedicado la acostumbrada atención a los derechos del hombre. En la Constitución de Cádiz (1812) tienen acogida las ideas, ya latentes en España durante el siglo XVIII, de libertad e igualdad y de garantía de ciertos derechos individuales. En las Constituciones posteriores de la Monarquía (1837, 1845, 1856, 1867, 1876) y de la República (1931), ya en forma de Tabla de derechos, se proclaman y garantizan, con mayor o menor amplitud y alcance según las situaciones políticas, los derechos y también, en más reducida expresión, los deberes de los españoles (2). Como nota carac-

(1) **Boletín de la Comisión Internacional de Juristas,** núm. 36, diciembre de 1968, pág. 40.

(2) Puede verse un estudio comparativo de los derechos individuales proclamados y sancionados en las diversas Constituciones que rigieron en España

terística de la Constitución republicana de 1931 es de señalar el gran relieve y desarrollo que se da en ella a los nuevos **derechos sociales**, agrupados en el capítulo 2.° del título dedicado a los «Derechos y deberes de los españoles», bajo la rúbrica de «Familia, Economía y Cultura».

Instaurado el Estado nacional, el orden constitucional de España se nos presenta, como observa SANCHEZ AGESTA, no con el carácter de un Código dictado en un solo acto y que se sienta en la consolidación histórica de instituciones, sino con el de un **proceso de creación constitucional** (1). La actual Constitución española adopta así la forma de una colección de Leyes Fundamentales de fechas diferentes, pero que responden, en su conjunto, a criterios fijos y unitarios. Los textos de estas Leyes, tal como han sido refundidas a virtud de lo ordenado por la disposición transitoria cuarta de la Ley Orgánica del Estado, han sido publicados por Decreto de 20 de abril de 1967 (2). En este complejo constitucional, los derechos fundamentales han tenido su reconocimiento, cronológicamente, en el Fuero del Trabajo (1938), el Fuero de los Españoles (1945), la Ley de Principios del Movimiento Nacional (1958) y la Ley Orgánica del Estado (1967).

Rango de primacía jerárquica ostenta, en este vigente dispositivo constitucional, la Ley de Principios del Movimiento Nacional de 17 de mayo de 1958, no sólo fundamental, sino, en cierto modo, superconstitucional, en cuanto significa la síntesis de los Principios que inspiran las Leyes Fundamentales, declarando a dichos Principios permanentes e inalterables. Tiene esta Ley indudable interés en orden a la definición y amparo de los derechos y deberes de los españoles, ya que estatuye la base y el ideario de los mismos. Nos habla así: a), de

hasta la de 1876 inclusive, en el **Curso de Derecho político** de SANTAMARIA DE PAREDES, 4.ª ed., Madrid, 1890, págs. 664 a 677. Cfr., sobre la evolución del constitucionalismo español y su sentido sociológico, en relación con las transformaciones de la estructura social de España, SANCHEZ AGESTA, **Derecho constitucional comparado**, 2.ª ed. cit., págs. 421 y sigs.

(1) **Derecho constitucional comparado** cit., págs. 481 y sigs.

(2) Puede utilizarse la edición oficial **Leyes Fundamentales del Reino**, Madrid, **Boletín Oficial del Estado**, 1967.

los elementos primordiales de la organización política, a saber, la Persona (el hombre, portador de valores eternos), la Familia (base de la vida social) y la Nación (unidad de destino en lo universal); b), de las demás entidades naturales, como el Municipio y el Sindicato, que son estructuras básicas de la comunidad nacional; c), de los valores espirituales que sustentan la cohesión de la organización jurídica, como las ideas de justicia, de orden, de paz, y bien común; d), de las grandes instituciones que sirven de apoyo a la vida económico-jurídica, como el trabajo, la propiedad privada y la empresa organizada; e), de aquellos primordiales postulados jurídico-políticos, que son a manera de fuerzas que mueven y animan la maquinaria del Estado, cual los de unidad nacional, de libertad, de igualdad, de autoridad y de servicio.

En cuanto a la Ley Orgánica del Estado de 10 de enero de 1967, aunque tenga como finalidades principales, de una parte, la de culminar —como dice su Preámbulo— la institucionalización del Estado nacional, perfeccionando y encuadrando en un armónico sistema las instituciones del Régimen, y de otra, la de asegurar de una manera eficaz la fidelidad por parte de los órganos del Estado a los Principios del Movimiento, no deja de aportar, sobre todo en este segundo aspecto, normas de gran interés para la garantía y defensa de los derechos, a través del recurso de contrafueros regulado en su título X.

Pero, sobre todo, hay en la vigente Constitución política española dos Leyes Fundamentales en las que tiene su sede propia la declaración y garantía de los derechos humanos, tantos individuales como sociales. Son estas dos Leyes —a las que se ha dado el nombre, tan tradicional en España, de Fueros— el **Fuero de los Españoles,** relativo a los derechos y deberes que podemos llamar personales y generales, y el **Fuero del Trabajo,** dedicado a los derechos y deberes relacionados con la actividad económico-social y laboral.

El **Fuero de los Españoles** de 17 de julio de 1945, modificado por la Ley Orgánica del Estado de 1967 y cuyo texto refundido ha sido publicado en 20 de abril de ese mismo año 1967, constituye la directa regulación de los fundamentales derechos de los españoles. Es expresión de los derechos y libertades tradicionales, dándoles la configuración adecuada a las exigencias del nuevo Régimen político español.

El **Fuero del Trabajo** de 9 de marzo de 1938, modificado también por la Ley Orgánica del Estado y cuyo texto refundido es de la misma fecha 20 de abril de 1967, recoge los derechos y deberes referentes a la vida económica y social, con declaraciones acerca de la propiedad, el trabajo, el capital, la empresa, la organización sindical, los seguros sociales, etc.

2. Sentido y rasgos generales de la Declaración de derechos y deberes en las Leyes Fundamentales españolas

De una manera muy condensada, podemos sintetizarlos así:

a) **En cuanto a la fundamentación ético-jurídica de los derechos y deberes humanos.**—Fija con toda precisión la base iusnaturalista y personalista de los mismos, el enunciado V de la Ley de Principios, según el cual «la comunidad nacional se funda en el hombre, como portador de valores eternos» y el artículo 1.º del Fuero de los Españoles, a cuyo tenor « el Estado español proclama como principio rector de sus actos el respeto a la dignidad, la integridad y la libertad de la persona humana, reconociendo al hombre, en cuanto portador de valores eternos y miembro de una comunidad nacional, titular de deberes y derechos, cuyo ejercicio garantiza en orden al bien común».

b) **En cuanto a la aceptación de los más destacados valores y postulados jurídicos.** Dan gran relieve nuestras Leyes fundamentales a los principios o valores de **justicia** (en muchos textos y en el sentido general del Fuero de los Españoles), **seguridad jurídica** (art. 17 de este Fuero) y **bien común** (aludido en el enunciado V de la Ley de Principios; art. 1.º, 26 y 30 del Fuero de los Españoles; VIII, 1 del Fuero del Trabajo, y art. 3.º de la Ley Orgánica del Estado) y se recogen, cuando menos en principio, los postulados de **libertad** (punto VII de la Ley de Principios y art. 1.° y muchos más del Fuero de los Españoles), **igualdad** (punto V de los Principios, art 3.° y algunos otros del repetido Fuero, y art. 4.° de la Ley Orgánica del Estado) y **autoridad** (punto VII de la Ley de Principios).

c) **En cuanto al sentido jurídico-político de las normas declaratorias de los derechos.**—Revelan nuestras Leyes Fundamentales un criterio pretendidamente armónico, de conciliación de los dos elementos o aspectos del Derecho, el individual y el comunitario. Ponen, así, el acento estas leyes a la vez en las **libertades civiles** y en los **derechos sociales.** Y dan una prueba, sobre todo, de esa aspiración al equilibrio entre lo individual y lo colectivo, en la esfera de la propiedad (Ley de Principios, punto X; Fuero de los Españoles, art. 30, y Fuero del Trabajo, XII, 1) y en el ámbito de la empresa (Principios, punto XI, y Fuero de los Españoles, artículo 26). Por lo que se refiere a los derechos públicos y políticos, están enunciados —escribe SANCHEZ AGESTA— «con reservas y cortapisas que apuntan a discernir un tipo de régimen muy diverso de una democracia fundada en el sufragio universal y en la libre concurrencia de una pluralidad de partidos políticos. El principio representativo está articulado, como guía de participación en la vida pública, a través de entidades de índole corporativa; y el sufragio directo universal tiene sólo una intervención excepcional en el referéndum» (1). Ultimamente, sin embargo, a virtud de las modificaciones introducidas por la Ley Orgánica del Estado y sus disposiciones adicionales, ha sido acentuado el carácter representativo de nuestro Régimen, extendiendo la representación a determinados Colegios, Corporaciones y Asociaciones, acentuando la autenticidad de la representación e instaurando un mecanismo de sufragio directo y bastante amplio (elección por los cabezas de familia y las mujeres casadas) en la esfera de la representación familiar (2).

(1) **Derecho constitucional comparado,** 2.ª ed. cit. del año 1965, pág. 511.

(2) V. Ley constitutiva de las Cortes, texto refundido de 1967, preámbulo y art. 2.°, f, y disposiciones que lo desarrollan, especialmente la Ley de 28 de junio de 1967.

d) **En cuanto al ejercicio y límites de los derechos reconocidos.**—Aparte de las limitaciones atinentes a cada particular derecho, el Fuero de los Españoles señala un límite normal o general y otro excepcional a las libertades y derechos que regula. El general lo establece el art. 33, diciendo que «el ejercicio de los derechos que se reconocen en este Fuero no podrá atentar a la unidad espiritual, nacional y social de España». El límite extraordinario está ligado a la tradicional institución de la suspensión de garantías, admitida por las Constituciones, escritas o consuetudinarias, de todos los países y recogida en el artículo 35 de nuestro referido Fuero, que dice así: «La vigencia de los artículos doce, trece, catorce, quince, dieciséis y dieciocho podrá ser temporalmente suspendida por el Gobierno total o parcialmente mediante Decreto-ley, que taxativamente determine el alcance y duración de la medida.» Está desarrollada esta disposición en la Ley de Orden público de 30 de julio de 1959, cuyo capítulo III define y regula el **estado de excepción** a que se refiere el Fuero de los Españoles; regulando también la situación excepcional, totalmente distinta, denominada **estado de guerra**, última fase de la crisis del orden, cuya declaración se condiciona a la existencia de un grave peligro para la vida político-social del país y en el que, a diferencia del estado de excepción, es la autoridad militar la que asume la misión de restablecer el orden tan gravemente alterado.

e) **En cuanto a la eficacia y desarrollo legislativo de la normativa constitucional.**—Como escribe el Profesor XIFRA HERAS, «el Fuero de los Españoles contempla la eficacia de sus disposiciones desde un doble punto de vista: positivo y negativo. En el primer sentido establece que las Cortes votarán las leyes necesarias para el ejercicio de los derechos que reconoce (art. 34). Negativamente, afirma que toda violación que se cometiese contra cualquiera de los derechos proclamados, será sancionada por las leyes (art. 36)» (1).

Por lo demás, hace notar SANCHEZ AGESTA que no todos

(1) **Las Leyes Fundamentales,** en el libro **El nuevo Estado español (Veinticinco años de Movimiento Nacional),** Madrid, Instituto de Estudios Políticos, t. I, 1963, pág. 210.

los derechos están enunciados, en las Leyes Fundamentales españolas, con la misma amplitud, ni han sido desenvueltos con la misma coherencia y rigor. No debe olvidarse el carácter de estas Leyes constitucionales como hitos y directrices de un proceso en realización» (1). Y ha observado, a su vez, el Profesor MARIN que, aun cuando no pocas de las aspiraciones contenidas en las Leyes Fundamentales han sido ya llevadas a efectividad sociológico-jurídica, existen todavía discrepancias muy sustanciales entre los textos de esas Leyes Constitucionales y la realidad legislativa española vigente (2).

Innecesario es advertir que ni siquiera las leyes y Códigos de Derecho privado han de quedar al margen de una necesaria —pero no apresurada— revisión. Todas las materias jurídicas están muy relacionadas y enlazadas; y las Declaraciones de derechos dan cobijo a todas ellas. Y así, el principio de libertad religiosa, que han proclamado nuestras revisadas y vigentes Leyes Fundamentales, en obediencia a las declaraciones del Concilio Vaticano II, y que ya está desarrollado en la nueva Ley de 28 de junio de 1967, aunque corresponda en principio a la esfera de las libertades públicas, tiene resonancias de Derecho privado que requerirían un adecuado retoque de instituciones y textos civiles (3).

3. Catalogación de los derechos y deberes reconocidos por nuestro ordenamiento constitucional

A. **Derechos.**—FRAGA IRIBARNE, en un libro escrito para jóvenes que es también de interés para quienes ya no lo son, clasifica así los derechos reconocidos en el Fuero de los Españoles: derechos de la persona, derechos de la familia, derechos

---

(1) **Derecho constitucional comparado,** cit., pág. 519.

(2) V. Pascual MARIN PEREZ: **Manual de introducción a la ciencia del Derecho,** 2.ª edic., Barcelona, Bosch, 1968, págs. 214 y sigs.

(3) V. el artículo del Profesor BATLLE: **Consideraciones sobre la nueva Ley de Libertad religiosa y el Derecho privado civil,** en la **Revista General de Legislación y Jurisprudencia,** noviembre de 1967, págs. 655 y sigs. y en ed. sep.

de grupos, derechos sociales y derechos políticos (1). SANCHEZ AGESTA, atendiendo al **sujeto** (individual o colectivo) de estos derechos y a los **bienes protegidos** (según la naturaleza privada o pública del objeto que se protege) nos ofrece la siguiente sistematización (2):

- Derechos
  - Personales...
    - Derechos civiles
      - Dignidad personal.
      - Intimidad personal.
      - Seguridad personal, jurídica y económica.
    - Derechos públicos.......
      - Libre expresión del pensamiento.
      - Reunión y asociación.
    - Derechos políticos.......
      - Petición.
      - Desempeño y cargos y funciones públicas.
      - Participación representativa en las funciones públicas.
    - Derechos sociales.......
      - Educación e instrucción.
      - Propiedad.
      - Trabajo.
      - Seguridad social.
  - De instituciones sociales..
    - Derechos de la familia en cuanto a su honor, funciones educativas, salario y propiedad familiar y participación representativa en las funciones públicas.

---

(1) **Estructura política de España,** Madrid, Doncel, 1961, págs. 78 a 84.
(2) **Derecho constitucional comparado,** cit., págs. 519 a 524.

Figuran en el anterior cuadro los más destacados derechos proclamados y protegidos por el Fuero de los Españoles y también, en lo que respecta a los derechos económico-sociales, por el Fuero del Trabajo. Se podría ampliar dicho conjunto con algunos otros derechos de significación colectiva. En efecto, al lado de los derechos de la familia, que son los de mayor relieve, y de los que corresponden al Estado mismo, tienen entrada en nuestras Leyes fundamentales, algunos otros derechos de los que son titulares, como entidades reconocidas por el Estado español, la Iglesia (a la que otorga protección oficial, a pesar del principio de libertad religiosa, el artículo 6.º del Fuero de los Españoles, de acuerdo con el punto II de la Ley de Principios), las instituciones de asistencia (art. 29 de este mismo Fuero), la Organización Sindical (punto XIII del Fuero de Trabajo), etc.

B. **Deberes.**—Hay estrecha correlación entre los derechos y los deberes. Ningún derecho deja de llevar aparejados determinados deberes; y de una manera general, los derechos del hombre, tanto los individuales como los sociales, llevan ínsito el deber, por parte del Estado, de admitirlos y protegerlos.

Pero, aparte de ello, el texto de nuestras Leyes Fundamentales hace expresión concreta de determinados deberes. En la esfera **económico-social**, por ejemplo, la propiedad privada lleva consigo importantes deberes (v. art. 30 del Fuero de los Españoles); la empresa es un complejo de derechos y deberes para cada uno de sus elementos componentes (véase art. 26 de dicho Fuero y punto VIII del Fuero del Trabajo); el trabajo es, a la vez de derecho, deber social (punto I, 5, del Fuero del Trabajo). En la esfera **familiar**, la patria potestad es un derecho-función que lleva inherentes graves deberes (v. art. 23 del Fuero de los Españoles). Y en la esfera **política**, la cualidad de miembro del Estado, como contrapartida de los derechos que origina, lleva consigo los que pueden llamarse **deberes de ciudadanía**, a los que hace referencia, entre otros textos, el precepto general del artículo 2.º del repetido Fuero de los Españoles y las disposiciones más particulares de su artículos 7.º, 8.º y 9.º

C. **Confrontación, en materia de derechos humanos, entre nuestro Ordenamiento positivo y la Declaración Universal.** En la imposibilidad de hacer aquí este cotejo, nos remitimos al que, con meritorio detalle, ha realizado, con ocasión de la presente conmemoración de los Derechos humanos, Gabriel COVARRUBIAS MAURA, mostrándonos el reflejo que los más importantes artículos de la Declaración Universal pueden tener en las Leyes Fundamentales Españolas y en su desarrollo normativo (1).

4. Garantías jurídicas de las libertades y derechos enunciados por nuestras Leyes Fundamentales

A. **Protecciones de orden político.**—La Ley Orgánica del Estado establece diversos procedimientos para la defensa de las Leyes Fundamentales y, consiguientemente, de los derechos y libertades reconocidos por ellas. El más destacado, quizá, compete directamente al Jefe del Estado, concretado en el artículo 6.º Algún otro se atribuye al Consejo Nacional del Movimiento, uno de cuyos fines es «velar por el desarrollo y ejercicio de los derechos y libertades reconocidos por las Leyes Fundamentales» (art. 21, ap. c de la propia Ley Orgánica) (2). Pero el más interesante es el constituído por el recurso de contrafuero que ha establecido la misma Ley Orgánica, cuya resolución corresponde al Jefe del Estado, pero a propuesta de un organismo especial, nuevo en nuestro Derecho, aunque tenga en él lejanos antecedentes: el Consejo del Reino (3),

---

(1) V. su trabajo **La Declaración Universal de los derechos humanos y el Derecho positivo español**, en **Información Jurídica**. Madrid, Ministerio de Justicia, abril-junio de 1968, págs. 11 a 35.

(2) V. Roberto REYES MORALES: **El Consejo Nacional del Movimiento y los derechos y libertades reconocidos en las Leyes Fundamentales**, en **Revista de Estudios Políticos**, marzo-abril de 1967, págs. 269 y siguientes.

(3) V. nuestro Discurso en las Cortes Españolas, como dictamen, en nombre de la Comisión de Leyes Fundamentales, sobre el proyecto de **Ley Orgánica**

creado por la Ley de Sucesión de 26 de julio de 1947. Hoy está ya regulado dicho recurso por la Ley de 5 de abril de 1968.

No ofrece duda la naturaleza política, más que jurisdiccional, del recurso de contrafuero. «Más que un recurso de constitucionalidad —ha dicho SANCHEZ AGESTA— es propiamente un instrumento político de control constitucional» (1).

B. **Defensas de orden judicial.**—En Derecho español no hay control judicial de la constitucionalidad de las leyes y, por ende, no hay tampoco control judicial de las garantías constitucionales de los derechos humnaos. No existe entre nosotros una verdadera y propia defensa judicial de estos derechos, semejante a la que implica en algunos países, como, Méjico y otras repúblicas hispanoamericanas, el llamado juicio de amparo. La defensa estatuída por la nueva Ley Orgánica del Estado, según ya se ha dicho, no es judicial sino política (2). Responde a un original sistema de jurisdicción política, si así se la quiere llamar.

No por ello, sin embargo, puede pensarse que en el ordenamiento jurídico español carezcan los derechos fundamentales del hombre de toda protección por parte de los órganos judiciales.

Es de tener en cuenta, en primer lugar, por lo que se refiere a la defensa de los derechos fundamentales a través del recurso de contrafuero: 1.º Que la Ley que lo rige, de 5 de abril de 1968, para promover la actividad que compete al Consejo Nacional y a la Comisión Permanente de las Cortes en orden a su interposición, establece, en su artículo 4.º, 1,

---

del Consejo del Reino que ha venido a ser Ley de 22 de julio de 1967. Ha sido publicado por Ediciones del Movimiento, Madrid, 1967.

(1) **La función constitucional del Juez: Las interpretaciones del modelo americano y su posible vigencia en España** (Discurso de recepción en la Real Academia de Jurisprudencia y Legislación, con contestación de don José Yanguas Messía), Madrid, 1967, pág. 51.

(2) Puede verse sobre el sistema español de defensa del ordenamiento constitucional, en parangón con el sistema de otros países, el artículo de Cruz MARTINEZ ESTERUELAS: **Las funciones del Consejo del Reino,** en la **Revista de Estudios Políticos,** marzo-abril de 1967, especialmente págs. 260 y sigs.

que «los españoles, de acuerdo con las normas que regulan el derecho de petición, podrán dirigirse al Consejo Nacional o a la Comisión Permanente de las Cortes, según proceda, exponiendo razonadamente que, a su juicio, un acto de los enumerados en el artículo 3.º incurre en contrafuero». 2.º Que aun cuando este recurso se establece en garantía de los principios y normas lesionados, no de los derechos y libertades violados, indirectamente tiene una eficacia jurisdiccional, ya que el artículo 64 de la Ley Orgánica alude a la declaración de nulidad que acompañe al éxito del recurso de contrafuero, concediendo a la resolución anulatoria acordada «el alcance que en cada caso proceda», y el artículo 20, 2, de la Ley que rige el recurso de contrafuero, de 5 de abril de 1968, puntualiza que en la propuesta al Jefe del Estado y en la resolución dictada por éste se determinará el alcance que en cada caso proceda, incluso respecto de las situaciones jurídicas creadas durante la vigencia de las leyes o disposiciones anuladas (artículo 19, c y artículo 20, 1), añadiéndose que si en la resolución «no se determinaran expresamente los efectos de la nulidad acordada, se entenderá que el acto o disposición anulada por contrafuero no ha producido efecto jurídico alguno» (artículo 20, 2). Se trata, pues, de una resolución que podrá afectar a las situaciones jurídicas producidas al amparo del acto inconstitucional (1).

De otra parte, no es claro en nuestro ordenamiento jurídico que la jurisdicción ordinaria no tenga misión alguna que cumplir, en la esfera de interpretación y aplicación de las leyes que está a su cargo, con relación a la observancia de las normas fundamentales que garantizan el libre ejercicio de los derechos fundamentales, tanto personales como políticos y sociales. En un trabajo anterior tuvimos ocasión de ocuparnos de este problema de la defensa por vía judicial de la constitucionalidad de las leyes en el Derecho patrio y llegábamos a la conclusión de que es una exigencia de la lógica jurídica que

(1) Cfr. Diego SEVILLA ANDRES: **La defensa de la Constitución en la Ley Orgánica española,** en **Revista de Estudios Políticos,** marzo-abril de 1967, página 301.

«se atribuya a los Tribunales la misión de aplicar el Derecho **y todo el Derecho,** incluídas las Leyes Fundamentales, con la consiguiente facultad de rehusar la aplicación de una Ley anticonstitucional» (1). Recientemente, SANCHEZ AGESTA ha opinado muy razonablemente que «los Tribunales no pueden menos de tener presentes nuestras Leyes Fundamentales, como consecuencia del principio de integridad del ordenamiento jurídico y, muy especialmente, porque nuestras Leyes de organización política invocan reiteradamente los correspondientes principios, convirtiéndolos en preceptos que han de ser objeto de una aplicación inmediata» (2). Y en confirmación de este punto de vista nos cita: el artículo 17 del Fuero de los Españoles, con su afirmación del principio de seguridad jurídica; la Ley de Orden público de 30 de julio de 1959, que ineludiblemente obliga a los Tribunales a interpretar preceptos de alcance político y de orden constitucional; el artículo 1.º de la Ley de Asociaciones de 24 de diciembre de 1964; el artículo 2.º de la Ley de Prensa e Imprenta de 18 de marzo de 1966. Estos preceptos y otros de parecida índole obligarán al Juez a fundar sus decisiones en una interpretación de las Leyes Fundamentales (3).

Por otra parte, es de subrayar que la jurisdicción contencioso-administrativa, en su esfera propia de control de las resoluciones de los órganos de la Administración y dada la amplitud muy progresiva con que la regula nuestro Derecho, especialmente a partir de la Ley de 27 de diciembre de 1956, coadyuva eficazmente a la protección de los derechos y libertades individuales. Y no deja de ser interesante y prometedora, como complemento de las defensas de orden judicial, la función del Ministerio Fiscal en la promoción de las garantías personales en materia penal y procesal (4).

---

(1) **Los principios filosófico-jurídicos y jurídico-políticos del Régimen español,** sep. de la obra **El nuevo Estado Español,** publicada por el Instituto de Estudios Políticos y la Editora Nacional, Madrid, 1963, pág. 20.

(2) **La función constitucional del Juez,** cit., pág. 53.

(3) Ibidem, págs. 53 a 56.

(4) V. Fernando HERRERO TEJEDOR: **Memoria de la Fiscalía del Tribunal Supremo,** leída el 16 de septiembre de 1968, pág. 170.

De todos modos, aun cuando en nuestro actual Ordenamiento jurídico la defensa de los derechos de los particulares frente al Poder Ejecutivo del Estado tenga no pocas vías y reflejos, todavía queda, como ha dicho la propia Fiscalía del Tribunal Supremo, «un cierto espacio por cubrir. Las transgresiones no protegidas penalmente o que no alcancen esta entidad y aquellas que se produzcan por actos exceptuados del recurso contencioso-administrativo pueden y deben ser incluídas en un sistema de protección que debe articularse en cumplimiento de lo que dispone el artículo 36 del Fuero de los Españoles. Este precepto establece que toda violación que se cometa contra cualquiera de los derechos proclamados en el Fuero será sancionada por las leyes, las cuales determinarán las acciones que para su defensa y garantía podrán ser utilizadas ante las jurisdicciones en cada caso competentes. Pero esta protección tan generalmente ordenada por el Fuero no ha alcanzado todavía sus últimas expresiones» (1). No es, pues, extraño que se haya pensado, a estos fines, en la institución, de tanta raigambre hispánica, del recurso de amparo. No podemos entrar en este tema, que merecería detenido estudio. Lo que parece indudable es que el procedimiento de referencia habría de organizarse en España dentro de la jurisdicción ordinaria, por imperativo del principio de unidad proclamado en el artículo 31 de la Ley Orgánica del Estado.

(1) HERRERO TEJEDOR: **Memoria elevada al Gobierno Nacional en la Solemne Apertura de los Tribunales el día 15 de septiembre de 1967**, pág. 177.

X

LA CUESTION DE LOS DERECHOS HUMANOS ANTE EL PROBLEMA GENERAL DEL MUNDO DE HOY

1. Realidades del momento presente

A. **Los derechos humanos en su escasa efectividad actual.** Están los derechos fundamentales humanos reiteradísimamente declarados. Incluso la Constitución de la Unión de Repúblicas Socialistas Soviéticas trata de los «derechos y deberes fundamentales de los ciudadanos», adaptándolos, claro es, a las conveniencias de su régimen político. Pero, no ya sólo en las zonas del comunismo totalitario, sino también en los países propiamente liberales y democráticos, carecen estos derechos y sus garantías, en muchos casos y aspectos, de aplicación real. Faltan todavía, por lo común, instrumentos de tutela jurisdiccional que hagan efectivos los derechos del hombre a través de trámites sumarios. Además, suelen peligrar estos derechos a virtud de situaciones excepcionales que imponen la suspensión de garantías. Por otra parte, la situación internacional es adversa al respeto de tales derechos. Y, sobre todo, las circunstancias sociopolíticas que se dan con tanta frecuencia en los Estados actuales, incluso los más respetuosos con el imperio de la ley, merman la efectividad de las libertades que habían de corresponder tanto a los individuos como a las corporaciones y entidades que no sean el propio Estado.

B. **Incidencias del año conmemorativo de los derechos humanos.**—Por penosa coincidencia, el año dedicado a la conmemoración y la exaltación de los derechos humanos, declarados como universales, ha sido el año de las más graves conmociones a escala mundial. Ha constituído este año —bien calificado de año **conflictivo**— uno de los peores momentos de tensiones y de luchas que la humanidad, en nuestros azarosos tiempos, viene padeciendo. Ha habido durante él crímenes políticos horripilantes; anárquicas revoluciones; tensiones raciales, conflictos laborales muy serios; crisis monetarias; pugnas internacionales de casi imposible solución; atentados contra la independencia de las naciones, que parecen avivar o abrir de nuevo la «guerra fría»; rebeliones universitarias y juveniles, casi universales y en extremo amenazadoras, y hasta inquietudes y desasosiegos en los planos espirituales y religiosos. Por si todo ello fuese poco, subsiste el hambre y la subalimentación —o lo que es igual, la negación del derecho a vivir— en inmensas porciones de la humanidad (dos tercios de la población mundial padecen hambre), en contraste con el despilfarro que los pueblos más desarollados hacen de fabulosos recursos dedicados a armamentos, ingenios nucleares y viajes espaciales.

No se trata, en este catálogo de desdichas, de acontecimientos casuales y esporádicos, sino de hechos íntimamente relacionados que responden a unas mismas causas, a un clima de dureza y violencia que ha tenido una larga gestación y que precisamente ha querido ser combatido, en estos últimos años, con una nueva e insistente afirmación de los derechos del hombre, a través de una campaña mundial en favor de esos derechos que son objeto de tan continuos atentados. La crisis actual de los derechos del hombre va unida a la crisis general no sólo jurídica, sino ampliamente social y humana, que por causas y antecedentes muy compejos, sufre el mundo de hoy (1), haciendo dificilísima la convivencia entre los hombres y los pueblos.

C. **Características de nuestro tiempo, desfavorables para la efectividad de los derechos humanos.**—Destacan, a juicio nuestro, como rasgos distintos de la época actual:

a) **Las transformaciones y cambios tan profundos como acelerados.**—Se ha apuntado que «posiblemente los historia-

(1) V. nuestro libro **Crisis mundial y crisis del Derecho,** 2.ª ed., Madrid, Reus, 1961.

dores del futuro podrán dejar sentado el que con la segunda guerra mundial no sólo la historia de Europa en cuanto que historia universal llega a su conclusión, sino que también toca a su fin la forma de cultura que comenzara en Grecia hace más de dos mil quinientos años y que ha vivido hasta nuestros días» (1). Lo cierto es que la realidad de nuestro tiempo nos muestra un irrefragable cambio social de tal extensión e intensidad, que puede llamarse total o universal y que amenaza con romper los nexos de continuidad con la fase de civilización occidental y cristiana que le ha precedido. «Estamos viviendo —escribe BENEYTO— un momento histórico muy importante. Constituímos el enlace entre el tiempo viejo y el nuevo. Ni siquiera el tránsito de la Edad Media a la Moderna, por obra del humanismo y de los descubrimientos, resulta comparable» (2). ¿Cómo no ha de estar lleno de peligros y de posibles fallos este ambiente de radicales cambios y transformaciones?

b) **Clima de confusión y desorientación.**—Nos hallamos ante una situación de desconcierto, confusión y desorientación, que es la propia de la época de cambios en que vivimos. Y las ciencias del espíritu no pueden servir de guía a la humanidad, porque las ideologías más variadas y contradictorias hacen incierta toda norma de vida y toda solución a los problemas humanos y sociales. Nos sorprende ahora la desorientación de que da muestras la juventud agitada e inconformista. Pues bien: no nos damos cuenta de que son las viejas generaciones las que han ido creando ese ambiente cultural de pugnas y divisiones que, a la postre, conduce al escepticismo y a las posiciones de sentido negativo y nihilista. La actual inquietud —en no pocos casos verdadera rebelión— de la juventud universitaria está en línea con todo el movimiento doctrinal que hace medio siglo viene dando al traste con las esencias filosóficas y humanistas de la cultura europea y occidental. Así se explica que los actuales grupos universitarios activistas y de presión (constituídos, afortunadamente, por pequeñas mino-

---

(1) Franco LOMBARDI: **Nàscita del mondo moderno,** 1961.

(2) **La libertad entre la tradición occidental y el cambio social universal,** en la **Revista de Estudios Políticos,** noviembre-diciembre de 1967, pág. 177.

rías) hayan enarbolado preferentemente como bandera aquellas doctrinas de tipo no sólo revolucionario, sino, en el fondo, anarquizante, como la del profesor germano establecido en Norteamérica y que ha gozado durante el último año de gran popularidad, Herbert MARCUSE, discípulo de FREUD y HEIDEGGER (1).

c) **La tecnificación.**—A ella va ligada esa movilidad, que ya hemos hecho notar, de las ideas y modos de vida de nuestro tiempo. Las nuevas y prodigiosas técnicas traen consigo muchas ventajas para la vida humana y social; pero, ¿qué duda cabe que los progresos de esta índole acentúan la complejidad de las relaciones entre los hombres, crean incesantemente nuevos problemas y, sobre todo, facilitan los procedimientos de destrucción del mundo y lesión de los atributos y derechos de la personalidad?

Vivimos una época en que el progreso social quiere ser basado en lo puramente organizatorio y técnico, con olvido de los valores personales, los más fundamentalmente humanos. El propio pensamiento del hombre y su capacidad creadora están en peligro, esclavizados por unas técnicas que masifican y materializan la cultura. «Para hacernos cargo —ha dicho Eduardo AUNOS— de la magnitud del problema que se le plantea al hombre de nuestro tiempo, es preciso observar con alarma que las técnicas con su extensión, a la vez natural y sistemática, tienden a sustituir todo sistema de pensamiento. La técnica al planificar una parte cada vez mayor de nuestros actos, cierra los caminos de las más altas creacio-

(1) El libro de MARCUSE, **One Dimensional Man,** Boston, 1964 (traducción francesa de Monique WITING, **L'homme unidimensionnel,** París, 1968) contiene algunas aportaciones positivas en la crítica del tipo de sociedad supertecnificada (la llamada sociedad de bienestar o de consumo), pero no acierta a señalar otro remedio contra sus defectos que el de la lucha contra la opresión y la alienación (una lucha confiada a la juventud, como la clase social que está más al margen de esa viciada sociedad) sin proponernos nada que signifique un ideal positivo de reforma y convivencia humana. La Autoridad, el Derecho y la Moral misma quedan al margen de la ideología de MARCUSE. Al combatir ésta la represión de los instintos deja el campo libre a una libertad propicia a degenerar en puro erotismo. Cfr. **Eros y civilización,** trad. de J. GARCIA PONCE, Barcelona, Seix y Barral, 1968. Más recientemente, v. J. M. NIN DE CARDONA, **Herbert Marcuse,** Reus, Madrid, 1972.

nes psíquicas, ahora, cuando es más necesario que nunca un sentido profundamente religioso para poder sobrepujar los tormentos de una época llena de inestabilidad y de zozobra» (1).

d) **La materialización del sentir y el vivir humano.**—Es una de las más acusadas características del mundo actual la desproporción entre los aludidos avances de la técnica y el estacionamiento y aun retroceso del hombre en sus aspectos espirituales. El desequilibrio que esto produce lleva anejas las inquietudes y angustias que amargan la existencia de las gentes. El abandono de convicciones seculares, como las religiosas y las morales, han dado entrada al materialismo y al hedonismo, a la crisis espiritual de nuestra época; y esta crisis moral tiene que desembocar en una crisis jurídica, fatal para el respeto de los derechos humanos. Nos preocupamos sólo de buscar el bienestar, la «sociedad opulenta». Estamos muy lejos de lograrlo y, en cambio, al colocar en la economía la razón de existir y de obrar del ser humano, estamos poniendo en peligro de mutilación su zona más noble, el espíritu que le vivifica.

e) **Ambiente de violencia.**—Cuando en teoría parece haber llegado a la conciencia de los hombres y de los pueblos la idea de que ha de ser respetada la dignidad humana, se han desencadenado, más que nunca, la violencia y las luchas entre los hombres. Olas de virulencia, crueldad y tremendismo, fomentadas por el arte, la literatura, la información y las comunicaciones de masas, llegan a todos los hogares y envenenan la mente de todos los humanos, deformando a los ya formados y obstaculizando la formación de niños y adolescentes. Este ambiente de dureza, de tensiones, de pugnas formidables que la trayectoria de nuestra época ha ido creando, constituye una perenne amenaza para la debida y respetuosa estimación de las prerrogativas de la personalidad del hombre.

f) **Masificación, deshumanización y despersonalización.**—El predominio de una desaforada e incontenible técnica, unido al apogeo del materialismo, en detrimento de los valores

---

(1) **Técnica y espiritualidad**, Madrid, Instituto Editorial Reus, 1962, páginas 119 y siguiente.

morales, han llevado la masificación a nuestras sociedades y están poniendo al hombre en trance de deshumanización y despersonalización. Las innovaciones y mutaciones que el mundo ha experimentado durante los últimos años han sido causa de estos fenómenos de tan extrema gravedad. El profesor FERNANDEZ-GALIANO, recogiendo el pensamiento de los últimos Pontífices, señala los factores que conducen, convergentemente, a esta deshumanización del hombre de hoy. Son éstos: 1.º El espíritu materialista que domina al hombre y le hace olvidarse de desarrollar lo que de más noble hay en él, para atender, en cambio, a los valores inferiores de lo económico y lo banal. 2.º El intervencionismo, cada vez más acusado, del Estado, que, con su maquinaria administrativa, constriñe al individuo hasta límites intolerables, en los que sufren sus libertades y derechos y, por lo mismo, su dignidad de persona humana. 3.º La lesión de aquella dignidad y aquellos derechos cometida por partidos políticos, oligarquías o grupos de presión que desvitalizan intelectualmente a los hombres, los cuales sucumben ante el abuso de la fuerza de las organizaciones gigantescas de masas. 4.º La técnica, en suma, que debiendo haber nacido para ponerse al servicio del hombre, ha acabado por sujetar a éste a sus exigencias irracionales, convirtiendo a la humanidad en un conjunto de seres uniformes y casi autómatas (1).

* * *

Fácil es el resumen de las notas que anteceden, correspondientes a hechos convergentes y muy ligados entre sí. La vida moderna, con su complejidad, sus cambios sociales, sus progresos técnicos, su desarrollo industrial (2), ha aumentado las

(1) FERNANDEZ-GALIANO: **El humanismo en la doctrina de la Iglesia durante los últimos veinticinco años**, loc., cit., págs. 86-87 y 93-95.

(2) Para una apreciación crítica, formulada por un economista americano, del **sistema industrial** de las actuales sociedades desarrolladas, con sus inconvenientes y peligros, v. GALBRAICH (John Kenneth): **El nuevo Estado industrial**, Barcelona, Ariel, 1967.

ocasiones y los procedimientos de lesión de la personalidad humana. Y por otra parte, el ambiente de materialismo, de pugnas formidables, de violencia y de dureza que nuestra época ha creado, unido al incremento, cada vez mayor, de la socialización y de las funciones y poder de los Estados, constituyen una perenne amenaza para la debida y respetuosa estimación de los atributos y derechos del hombre. Las circunstancias de nuestro tiempo, propicias para el menosprecio de la verdad y el culto de la violencia, son hostiles al Derecho (1).

Hay una crisis general, tanto en el interior de los Estados como en el orden internacional. Los propios Estados que tienen reconocidos en sus Constituciones los derechos humanos, se ven lanzados, por causas más o menos explicables, a cometer contra ellos palmarias violaciones. Y en la esfera mundial, la situación es cada vez más azarosa. Ha tenido escasísima eficacia la Declaración de derechos formulada por las Naciones Unidas. Es muy significativo el retraso que se observa en la aceptación y aplicación por los Estados de los principios que informan dicha solemne proclamación.

D. **La actual crisis del mundo en sus aspectos político, social y cultural.**—Es objeto de abundantísima bibliografía la actual crisis del Estado y del Derecho público (2). Es esta crisis un fruto histórico de los excesos y fracasos de los regímenes individualistas y liberales del siglo XIX y de los que han acompañado y acompañan, durante el siglo en que vivimos, a los regímenes totalitarios. Se da el caso de que, en la actualidad, la crisis afecta, a la vez, a los sistemas democráticos o pluralistas y a los autoritarios o monolíticos.

---

(1) V. Alfonso GARCIA VALDECASAS: **El problema del Derecho y la vocación jurídica de nuestro tiempo,** Discurso leído en la sesión inaugural del curso 1945-46 en la Real Academia de Jurisprudencia y Legislación, Madrid, 1946.

(2) Pueden verse, entre muchos estudios, el de FRAGA IRIBARNE: **La crisis del Estado,** 2.ª ed., Madrid, Aguilar, 1958; PEREZ SERRANO: **Cien años de Derecho político** (1858-1958), discurso leído en la Real Academia de Ciencias Morales y Políticas, 1958; FUEYO LANERI: **Derecho público y Derecho privado,** en la **Revista General de Legislación y Jurisprudencia,** junio de 1958, especialmente págs. 952 y sigs. También nuestro libro **Crisis mundial y crisis del Derecho,** Madrid, Reus, 1961, págs. 71 y sigs.

El Derecho público de la generalidad de los Estados modernos no ha logrado todavía conseguir la difícil armonización de los principios de autoridad y de libertad. El **Derecho político** lleva como lastre el mito del democratismo radical del tipo rousseauniano, que perjudica el principio de autoridad y la buena selección de dirigentes. Y las realizaciones del **Derecho administrativo,** muy propenso a una tecnificación y una socialización excesivas, con crecimiento gigantesco de la burocracia, reducen cada vez más al mínimo el ámbito en que la persona privada y la libertad individual pueden moverse.

Pesan sobre los regímenes políticos actuales las consecuencias de una socialización cada vez más avasalladora, que ahoga la espontaneidad individual y los derechos humanos. Tienen estos derechos, especialmente los considerados como libertades, difícil juego en las modernas sociedades industrializadas, las cuales, democratizándose, pierden sus esencias liberales: las libertades suelen resultar gradualmente sacrificadas en aras de un desarrollo y un bienestar, no siempre logrado (1). En relación con ello, es ostensible hoy, en todos los Estados, la tendencia a dar pábulo a una burocracia cada vez más frondosa y peligrosamente atentatoria, a veces, contra los verdaderos intereses de la comunidad y el ejercicio de los más elementales derechos humanos.

Si en el ángulo de la inviolabilidad de la persona y al respeto de sus libertades son tan graves las violaciones que registra la situación actual del mundo, no es el panorama más satisfactorio cuando se trata de los derechos económicos, aun cuando éstos constituyan la preocupación del momento presente. Se va desmoronando el derecho de propiedad individual, garantía de la verdadera libertad. Sufren todas las clases sociales los estragos de la escasez de viviendas de precio razonable y, en general, los de la inestabilidad monetaria y la inflación. Como hemos dicho en otra parte «el Derecho deja de ser justo y humano cuando las leyes y las relaciones jurídicas

---

(1) Véanse los trabajos de Jorge USCATESCU: **Aventura de la libertad,** Madrid, Instituto de Estudios Políticos, 1966, y **Filosofía de la libertad en la Ley Orgánica,** en la **Revista de Estudios Políticos,** marzo-abril de 1967, pág. 312.

en que interviene como módulo el dinero se ven afectadas por el fenómeno económico del cambio de poder adquisitivo de la moneda» (1). En frase de Werner GOLDSCHMIDT la inflación significa «una expropiación forzosa sin indemnización, o sea una confiscación» (2).

Y lo peor es que ni siquiera con todos los sacrificios que la socialización progresiva lleva consigo, se obtiene de manera plena o satisfactoria, el resultado apetecido de la liberación económica dentro del Estado, ni mucho menos el de sacar de la miseria a los pueblos subdesarrollados.

Por otra parte y en definitiva, la crisis actual no sólo es política y socioeconómica. Es de mayor fondo. Es una crisis ampliamente espiritual y cultural, que incluso ostenta los graves caracteres de una crisis religiosa. Son los sectores más íntimos del pensamiento y de la sensibilidad humana los que resultan afectados en esta encrucijada de progreso técnico y de descenso ético que caracteriza a los tiempos presentes.

La actual depresión sentimental y moral del mundo se proyecta y queda comprobada a través de los nuevos estilos y sentidos de las artes más diversas. Puede decirse que en nuestros días está en crisis el arte, que, fundado ahora en el subjetivismo más radical, en la fe en el hombre absolutamente autónomo, desligado de Dios y de la Naturaleza, consiguientemente deshumanizado (3), parece conducir a la nada, si no fuese esperable y segura una próxima resurrección, a través de la vuelta a las vías tradicionales del arte occidental (4).

E. **La crisis de la organización internacional.**—Hemos podido ya comprobar que las Declaraciones constitucionales de los derechos humanos no alcanzaron el pleno éxito que de

---

(1) **Humanismo y Derecho,** Madrid, Reus, 1962, página 121. Véase especialmente VALLET DE GOYTISOLO: **La antitesis inflación-justicia,** en **Revista Jurídica de Cataluña,** septiembre-octubre 1960, págs. 531 y siguientes, y **Sociedad de masas y Derecho,** Madrid, Taurus, 1968, páginas 487-529.

(2) **Introducción al Derecho,** 3.ª ed., cit. pág. 418.

(3) Conocido es el admirable estudio de J. ORTEGA Y GASSET: **La deshumanización del arte,** 1.ª ed., 1925; 5.ª ed., Madrid, «Revista de Occidente», 1958.

(4) V. Hans SEDLMAYR: **Epocas y obras artísticas,** dos vols., Madrid, Rialp, 1965.

ellas se esperaba. El profesor GARCIA OVIEDO, en 1931, observaba que el frecuente desequilibrio entre lo estatuído y lo practicado, entre el Derecho y el hecho, es el fenómeno más interesante de la vida constitucional contemporánea (1). Esta anomalía hizo pensar en la necesidad de una Declaración universal formulada y garantizada por la Organización de las Naciones Unidas. Mas la internacionalización de los derechos del hombre llevada a cabo por esta entidad es tan incompleta e imperfecta que, hasta el momento presente, ha tenido escasísima eficacia. La crisis del Derecho, en su ángulo constitucional, se manifiesta ahora también en el ámbito de la vida universal. Los instrumentos que, con mucho esfuerzo, se han logrado instaurar con el propósito de asegurar a nivel universal los derechos humanos, son aún demasiado débiles y poco coherentes para confiar en ellos.

El presidente de la Fundación Carnegie nos ha presentado, en pocas, pero expresivas palabras, la configuración de la escena mundial de nuestro tiempo. «El impacto de los cambios tecnológicos, el dinamismo de las fuerzas sociales y de las ideologías, el precipitado despertar del Oriente, el difícil ajuste postbélico del Occidente: todos estos factores han llevado al mundo profundas dislocaciones económicas, sociales, políticas y psicológicas. No puede haber paz duradera hasta que hayan sido eliminadas las tensiones creadas por tales fuerzas» (2).

Y en la doctrina patria, RUBIO GARCIA ha expuesto como hechos muy significativos que constituyen los elementos de la escena mundial de la postguerra bajo la que hoy vivimos, los siguientes: la potencia nuclear y el fenómeno bélico, que puede producir el holocausto de la Humanidad; las realidades de la «guerra fría» y las implicaciones de la «coexistencia» con su carga de espinosas dificultades para las superpotencias y para los Estados pequeños, en una fase de cambios en la

---

(1) **El constitucionalismo de la postguerra,** Sevilla, 1931.

(2) George N. SHUSTER: **National Man and International Society,** en **Dedication of the Carnegie Endowment International Center,** Nueva York, 1953, página 9; cit. por Leandro RUBIO GARCIA: **Hacia un nuevo orden internacional** Madrid, Instituto de Estudios Políticos, 1968, pág. 10.

estructura internacional; la desintegración del colonialismo occidental y la aparición de múltiples y frenéticos nuevos Estados y, a la par, el auge del nacionalismo en el «tercer mundo» y la lucha de clases a escala internacional, derivación del subdesarrollo (1). Verdaderamente el panorama no puede ser más sombrío y desolador.

Es cierto que significa mucho como promesa la Organización de las Naciones Unidas, que no ha dejado de tener actuaciones muy provechosas. Pero hay que reconocer cuán limitada es su eficacia, entre otras razones por los defectos de su estructuración, basada en principios inspiradores muy circunstanciales e inarmónicos. Como observa el profesor DEL VECCHIO, forman una contradicción evidente, «de un lado la supremacía concedida a cinco Estados(los llamados **original members**), cada uno de los cuales tiene la facultad de impedir la deliberación de los otros para las más importantes materias, entre ellas la admisión de nuevos miembros; de otro lado, la afirmación de la igualdad entre todos los Estados con exclusión de aquellos que gozan del citado privilegio» (2). Resulta así la grave anomalía de que algunos de los Estados más civilizados y más importantes del mundo están colocados en situación de inferioridad permanente con respecto al grupo de los privilegiados, y esta inferioridad se hace todavía más grave y más injusta a consecuencia del aumento desmesurado de miembros de la Organización y el predominio numérico que van obteniendo, en una medida cada vez más amplia, Estados apenas salidos de la barbarie (3).

En la defectuosa Organización de las Naciones Unidas —observa BATTAGLIA en igual sentido— los Estados miembros delegan sus poderes en favor de un Consejo de Seguridad integrado por once de ellos (cinco natos, seis elegidos por la Asamblea). Estamos, pues, en presencia de un organismo anti-

---

(1) Leandro RUBIO GARCIA: **Hacia un nuevo orden internacional**, citado, páginas 12 y 21 a 628.

(2) **Problèmes non résolus des organisations internationales**, en el volumen **Humanité et unité du Droit (Essais de Philosophie Juridique)**, París, Librairie Générale de Droit et de Jurisprudence, 1963, pág. 307

(3) Ibidem, pág. 308.

democrático, falsamente representativo, que consagra la prevalencia de las grandes potencias, sobre todo tres de ellas (1). Por otra parte, ¿qué puede esperarse del criterio monopolista de la O. N. U., que iguala en principio a todos los regímenes, respeten o no el Derecho y las libertades humanas, pero excluyó de su seno largo tiempo a un Estado tan poderoso como la China Roja? «La peor política, la más ineficaz es —se ha dicho— al política de ignorar diplomáticamente a un país de 750 millones de personas» (2).

Es comprensible que las Naciones Unidas, por todo ello, atraviesen una crisis difícil. Se va perdiendo la fe en la actuación y eficacia de esta organización.

2. Esperanzas. Perspectivas favorables para la progresiva escalada de los derechos humanos

¿Llegarán a tener algún día plena efectividad los derechos del hombre? ¿Podrá la Humanidad vencer las dificultades de hoy y ver instaurado un régimen de convivencia, basado en condiciones de paz y de justicia? Son tales preguntas, por el momento, incógnitas indespejables. Sin embargo, así como hay un cúmulo de circunstancias y datos que, según hemos visto, pueden ser base de muy pesimistas predicciones, media, a la vez, un conjunto de coyunturas y posibilidades que parece llevar consigo perspectivas favorables para el futuro. Examinemos, rápidamente, algunas de ellas:

A. **La ley del progreso.**—En general, la Humanidad, aun a trueque de tantas dificultades y tantos tropiezos como se interponen en su camino, sigue una marcha ascendente. Se advierte una cierta ley de progresivo avance que preside la historia; pero no hay que considerarla, cual quiere hacerlo la teoría de la evolución, como una ley de progreso constante,

(1) **Estudios de Teoría del Estado,** cit., pág. 172.
(2) Bartolomé MOSTAZA: **Revolucionismo exportado,** en el diario **Ya,** 16 de agosto de 1968.

indefinido y necesario. En los fenómenos de la sociedad y de la historia humana hay oscilaciones, fases de retrocesos, decadencias, involuciones (1).

En la situación actual de la Humanidad es problemático el avance futuro de la evolución **biológica** y todavía más el avance satisfactorio de la evolución **cultural.** Lo único seguro, viene a decirnos el profesor AYALA, es que la Humanidad es la única especie biológica consciente de su evolución; que tiene el poder de moldearla, y consiguientemente la gran responsabilidad hoy «de dirigir su evolución hacia metas intelectuales y morales apropiadas» (2).

Un conocido escritor cristiano Jacques MARITAIN, en un interesante ensayo sobre la Filosofía de la Historia contemplada desde el punto de vista de la teoría del conocimiento, llega a la conclusión de que el progreso de la conciencia moral, en cuanto al **conocimiento** de los preceptos particulares de la ley natural, ofrece uno de los ejemplos menos dudosos del progreso de la Humanidad, aunque tiene que reconocer que este progreso de la conciencia moral puede ser compatible con unas u otras desviaciones en la conducta efectiva de las comunidades humanas (3).

Contemplados, a través de estos puntos de vista, los derechos del hombre, nos encontramos con que los tiempos actuales, de avance de algunos aspectos de la cultura y de la vida, van acompañados de retroceso en otros. El momento actual de crisis y transformaciones, lleva consigo un desequilibrio de valores: mientras el progreso material es indudable e impresionante, no existe el progreso moral que pueda controlarlo. Ello produce un debilitamiento o relajamiento de las instituciones y actividades jurídicas; entre ellas, las que afectan a los

---

(1) V. DEL VECCHIO: **Evolución e involución en el Derecho,** en el vol. **Aspectos y problemas del Derecho (Escritos filosófico-jurídicos),** Madrid, Epesa, 1967, págs. 149 y sigs. Cfr. CASTAN: **Evolución jurídica y progreso jurídico,** Bilbao, Patronato de la Universidad de Deusto, 1956.

(2) Francisco José AYALA: **Evolución tecnológica y evolución cultural**, en **Arbor,** diciembre de 1968, pág. 31.

(3) **Pour une philosophie de l'historie,** trad. de Ch. JOURNET, París, Editions du Seuil, 1960, especialmente págs. 114 y sigs.

derechos humanos fundamentales. Ahora bien: ¿Llega esta crisis a oscurecer la percepción de los supremos principios e ideales jurídicos o, por el contrario, tienen éstos hoy más relieve que nunca? Veámoslo.

B. **El renacimiento actual de las ideas ético-jurídicas favorables a la afirmación de la personalidad y sus atributos.** Ciertamente la personalidad humana ha sido objeto, en los últimos tiempos, de las más graves y hasta inauditas acometidas por parte de los Estados, de las leyes positivas, de los sistemas filosóficos y de las ideologías políticas y sociales. Parece, en algunos momentos, que se está presenciando la desaparición de la noción de personalidad y de los derechos humanos. Pero estas penosas realidades están provocando las réplicas más contundentes por parte de la doctrina filosófico-jurídica (1). Puede advertirse actualmente, en la generalidad de los países y sobre todo en los llamados occidentales, como ya hemos visto en páginas anteriores, una gran difusión de las concepciones personalistas y humanistas, un renacimiento del viejo Derecho natural y un florecimiento de la doctrina de los valores jurídicos. Todas estas direcciones culturales están sirviendo de base para un fuerte movimiento de reacción en favor de los derechos individuales y, en general, de los derechos más ampliamente humanos.

C. **Los síntomas de avance progresivo en la conciencia moral de los hombres y en la comprensión y realización de los derechos humanos.**—Poco significaría el renacer, en el terreno científico, de la tesis ético-jurídica del valor de la personalidad individual, si esta idea certera no fuese recogida y compartida por la general conciencia de los hombres. Pero, afortunadamente, hay bastantes indicios de que el magno movimiento de exaltación de la dignidad del hombre que se ha

(1) Puede verse, sobre las actuales direcciones representativas de la restauración de la Filosofía jurídica con enfoque objetivista, ético o valorativo y esencialmente personalista, nuestro libro **La idea de justicia (Su trayectoria doctrinal y la problemática de sus contenidos)**, Madrid, Reus, 1968, especialmente páginas 89 y sigs.

producido en los últimos decenios, está logrando, cuando menos, la toma de conciencia por la Humanidad, casi entera, de la importancia y respetabilidad de los fundamentales derechos de los hombres y de los pueblos. Si ha habido y hay violaciones de los mismos, son seguidas de las naturales protestas y reacciones por parte de los sectores del mundo libre y aun, en limitada medida, por los del mundo sometido a regímenes de fuerza. Tales reconocimientos se suelen exteriorizar en declaraciones o realizaciones que si a veces son de eficacia pasajera, otras se traducen en progresos duraderos.

Dice a este respecto Pablo Lucas VERDU que «a pesar de las frecuentes y necesarias decadencias en el enriquecimiento de la persona humana al desenvolverse en la sociedad, la Historia demuestra cómo el círculo de derechos humanos se va ensanchando: cada adelanto técnico (prensa, radiodifusión, televisión), cada progreso social (solidarismo, sindicalismo, seguros sociales) e incluso las aberraciones (esclavitud, genocidio, discriminación racial, etc.) han hecho brotar nuevas pretensiones: ampliación, universalización de la expresión de opinión, seguridad económica y social, dignificación de la persona humana, afianzamiento de la fraternidad universal, mayor conciencia de la necesidad de la paz, todo lo cual ha redundado en beneficio del hombre» (1). Y Werner GOLDSCHMIDT llega a sostener, contemplando el panorama de las conquistas morales conseguidas ya por la Humanidad, que «en la órbita de la convivencia social, en la moral, el camino ascendente de la Humanidad es mucho más maravilloso que el avance en la esfera de las ciencias de la naturaleza. La abolición de la esclavitud, la igualdad de hombre y mujer, la concepción de la patria potestad como una tarea, la protección del gobernado contra el gobernante y del administrado contra la Administración, la igualdad económica y política, etc., son empresas de excepcional importancia que en una minoría de Estados funcionan satisfactoriamente» (2). Quizá sea demasiado optimista, en su conjunto, esta visión de nuestro mundo actual, que se

(1) **Derechos individuales,** loc. cit., pág. 39.

(2) **Introducción al Derecho,** ed. cit., núm. 469, págs. 409 y sig.

estima tan progresivo y maravilloso; pero, en no pocos de los logros que se mencionan, hay que reconocer el progreso moral que se ha conseguido.

Hemos de reconocer que hay una serie de hechos demostrativos del progresivo avance que la realización de los derechos humanos va obteniendo a través de la Historia, en el sentido de una expansión cada vez mayor del espíritu de libertad y el de igualdad, unidos al sentimiento de la dignidad humana. El profesor SANCHEZ DE LA TORRE nos lo detalla de esta manera:

a) La inviolabilidad personal se transmitió desde las clases aristocráticas a las burguesas y al resto de las clases de cada país.

b) El derecho de intervención en los asuntos públicos se contagió desde los aristócratas a los funcionarios, a los burgueses y a todo el conjunto de la población mediante los recursos del régimen democrático.

c) El nivel de vida moderno basado en el consumo de bienes producidos en masa se ha extendido progresivamente, desde las clases ricas y acomodadas, hasta todos aquellos grupos humanos que, apoyados en sus propios ingresos o en sistema de seguridad social, van adquiriendo una vida confortable y cómoda, disponiendo de los servicios (enseñanza, sanidad, alojamiento, alimentación, etc.) que anteriormente eran sólo patrimonio de muy pocos privilegiados. Así, en otros ejemplos: el capitalismo popular, etc. (1).

Con relación a nuestro tiempo se han considerado especialmente como signo del mismo los tres movimientos de promoción: de las clases trabajadoras; de la mujer; de los pueblos antes colonizados. Todos ellos significan perspectivas de avance en el desarrollo de la Humanidad, a través del reconocimiento de los derechos y deberes de los hombres.

Importantísimos también, como índice de progreso jurídico-social son: la buena marcha de la llamada justicia social, iniciada a partir de fines del siglo XIX, y la más actual integración de la agricultura en los cuadros de esa justicia. Ha

(1) **Teoría y experiencia de los derechos humanos, cit., pág. 111.**

dicho un docto jurista y comparatista brasileño que la reforma agraria es el magno problema y la mayor conquista social del siglo XX (1).

En el orden internacional no se ha logrado dar forma al ideal de una comunidad internacional. Lejos de ello, la Humanidad pasa por un momento de desaliento y desilusión con respecto al futuro de la organización de esa comunidad mundial. Pero lo cierto es que aun cuando la vida y las relaciones de los pueblos presenten tantas dificultades y tantos problemas, se han conseguido, en las últimas décadas, avances muy importantes en el desarrollo de la organización internacional, a través, no sólo de la O. N. U., sino de la labor de múltiples organismos especializados de tendencias universalista o de carácter más limitado —a veces más eficaz— regional o autónomo. El profesor C. WILFRED JENKS dice que, por primera vez en la historia, tenemos ya los elementos de un orden jurídico universal, y puede hablarse de un **Derecho común de la Humanidad,** o lo que es igual, de un Derecho de la comunidad mundial organizada, establecido sobre la base de los Estados a través de un complejo de instituciones internacionales y regionales llamadas a garantizar los derechos del hombre y a imponerle las correspondientes obligaciones, siquiera este nuevo Derecho universal se halle todavía en una etapa incipiente de desarrollo (2).

En definitiva, podemos decir que el sentido del respeto hacia la persona tiene hoy, en importantes aspectos, más vigor que en otras épocas y, sobre todo, alcanza un área de resonancia y aplicación más general. Y es de tener muy en cuenta que los fenómenos de violencia y de presiones que hoy son tan constantes por parte de los Estados y de las agrupaciones o masas sociales, aunque con frecuencia obedezcan a motivaciones políticas y a ambiciones de poder, no dejan de responder, muchas veces, en el fondo, a una aspiración de sentido humano y trascendental, a un deseo irresistible de

---

(1) Haroldo WALLADAO: **Reforma agraria, magno progresso jurídico do século,** sep. de **Jurídica,** Río de Janeiro, 1966.

(2) V. su libro **El Derecho común de la humanidad,** Madrid, Tecnos, 1969.

mejor justicia en el mundo. No otro sentido hay que atribuir, en buena parte, a lo que llamamos hoy subversión de la juventud. La agitación de ahora no es más que un reflejo impetuoso —como es todo lo juvenil— del desconcierto de la vida actual, que esa juventud tiene que sentir y que no está todavía bien preparada para analizar seriamente en sus orígenes y en sus posibles remedios. No hay que perder la fe en las juventudes de hoy generosas y románticas como lo fueron también las de otras épocas.

Muchos de los angustiosos acontecimientos de ahora significan la culminación de grandes errores en que han incurrido y están todavía incurriendo los desequilibrados modos y sistemas bajo los que vive —o malvive— la Humanidad. Bueno es que se hagan patentes las consecuencias de esos errores para que quienes dirigen el mundo se den cuenta de ellos y se decidan a rectificarlos.

3. **Realizaciones necesarias. Bases de superación de la actual crisis del mundo y de los derechos humanos**

No debemos decepcionarnos ante el reducido éxito de tantos esfuerzos como se han hecho en todos los tiempos y sobre todo en los nuestros para proclamar y proteger los derechos humanos. Hay que continuar, sin desmayo, la perenne lucha por el Derecho.

No hay razones para suponer que la actual desorganización y el desequilibrio de los valores humanos sean irremediables y definitivos. El espíritu del hombre es luz inextinguible. Mas no basta que esperemos el arreglo del actual estado de cosas por el desarrollo espontáneo de la fase evolutiva que —a juzgar por los síntomas a que acabamos de aludir— parece iniciarse. Es necesario que todos pongamos nuestro esfuerzo, nuestro espíritu y nuestros ideales al servicio de la salvación del mundo por la consecución de una convivencia más fraternal y justa.

A. **Papel de las ideas y las ideologías en el momento actual.** Se habla hoy mucho de una crisis de las **ideologías** (1); pero esta supuesta crisis no quiere decir que las ideologías hayan dejado de ser necesarias. Siempre harán falta sistemas de ideas, creencias e ideales que sirvan de orientación y guía, como puntos de coincidencia, a la pluralidad de los pareceres. Lo que pasa es que gran parte de las ideologías de la época anterior a la nuestra ya no se tienen en pie. Arnold TOYNBEE nos ha hablado recientemente del fracaso de las que llama **ideologías postcristianas,** como el nacionalismo, el individualismo y el comunismo, con las que el hombre occidental y sus seguidores de otras latitudes pretendieron llenar el vacío espiritual creado por el abandono de las auténticas religiones ancestrales (2). Y en efecto, las fórmulas del nacionalismo intransigente, del liberalismo ochocentista, del socialismo marxista con el lastre de la lucha de clases, el comunismo utópico, el anarquismo decimonónico revolucionario y nihilista ya no son útiles para resolver los problemas actuales del mundo. En general, podría decirse que todos los **ismos** pecan de exagerados y unilaterales, como lo son, entre los sistemas más actuales, hoy en lucha, el capitalismo y el sindicalismo (3). Pensemos, pues, en nuevas ideologías, pero que sean equilibradas y de sentido armónico; no unilaterales, sino multidimensionales como hoy se dice. Y tengamos en cuenta que la

---

(1) Libro español fundamental sobre el tema es el de Gonzalo FERNANDEZ DE LA MORA: **El crepúsculo de las ideologías.** Ediciones Rialp, Madrid, 1965. En él se expone la tesis de que las ideologías periclitan y ya son, en los ámbitos históricos más evolucionados, puro lastre residual (véanse, especialmente, páginas 154 a 158).

(2) V. **Cristianismo y Tecnología (Extracto del libro último de Arnol Toynbee)**, en **Ya,** 8 de abril de 1969, págs. 7 y 8, que recoge el publicado en **The Times**, de Londres.

(3) Dice a este respecto NAVARRO RUBIO que «siempre que ponemos un «ismo» a una idea política, la estropeamos, en cierto modo. Lo buena que es la libertad y lo disolvente que fue el liberalismo. Lo maravillosa y clara que es la paz y lo decepcionante y confuso que es el pacifismo. Lo necesario que es el capital y lo contraproducente que a veces resulta el capitalismo. Lo natural que es el sindicato y lo forzado que a veces juega el sindicalismo». (**El empresarismo,** discurso de recepción en la Real Academia de Ciencias Morales y Políticas, Madrid, 1969, **págs. 13 y sigte.**).

pura ideología no sirve para gobernar a un pueblo: la vida de hoy es muy complicada y hacen falta soluciones pragmáticas acomodadas a las circunstancias y peculiaridades de cada país, para enfocar y encauzar muchos de sus problemas.

Hay que desconfiar también de aquellas ideas que, sin ser inactuales (ya que, por el contrario, están hoy consideradas, con mucha frecuencia, como remedios seguros a la crisis social bajo la que vivimos), no pasan de ser meras fórmulas políticas de inspiración más o menos circunstancial, que se nos muestran como reflejos de una tendencia que parece presidir todo el movimiento ideológico moderno: la de contemplar la vida de la sociedad desde uno solo de sus aspectos o facetas. Fórmulas unilaterales son, así, las del socialismo y la socialización (conceptos desde luego no idénticos); la de la democracia, como figura política que peca de rigidez, cuando no es equívoca; las que propugnan la revitalización de la libertad o la promoción de la igualdad efectiva, social y económica, sin ligar a estos grandes, pero relativos principios de libertad e igualdad el sentido de responsabilidad que ha de acompañarles (1).

Se ha dicho, no sin razón, que la evolución de los problemas concretos que tiene planteados el mundo contemporáneo está en la aceptación gustosa y plena, por parte de cada hombre, de su quehacer cotidiano (2). Mas aunque la realización de las humildes tareas de los hombres exija una cierta especie de espontaneidad natural, no excluye un sentido de racionalización y una dirección ideológica. Los grupos sociales y la Humanidad entera necesitan de la orientación que le proporcionen las perennes ideas generales, como, ante todo, los valores supremos de bondad, moralidad, justicia y Derecho, y, en una esfera más asequible a la común mentalidad de los hombres, aquellas ideas que han servido siempre de soporte

---

(1) V. sobre estos pretendidos remedios a la crisis de la actual sociedad, nuestro estudio **Crisis mundial y crisis del Derecho**, 2.ª edición, Madrid, Reus, 1961, págs. 91-98.

(2) V. Marcel DE CORTE: **Encarnación del hombre**, trad. de E. VALENTI, Barcelona, Labor, 1952, y el extracto de Federico DELCLAUX: **La humildad y el hombre actual**, en la revista **La Actualidad Española**, 24 de abril de 1969.

a la conducta de los mismos, cuales son la familia, la profesión, la patria y la creencia en Dios (fuente y fundamento de caridad) por encima de todo.

B. **El ideal de la paz por el Derecho.**—Se hace hoy muy meritoria propaganda de lo que se llama **la paz mediante el Derecho**. Certera, magnífica y actualísima es esta fórmula. La paz, en sus diversos matices de paz **social**, paz **política** y paz **internacional** —categorías todas ellas tan relacionadas y unidas— es un anhelo y un imperativo del momento presente; y es el Derecho el que ha de prestar su imprescindible concurso y su fuerza para que una paz duradera haga posible la vida de los pueblos y el verdadero progreso. El Derecho social y el Derecho internacional son hoy la esperanza, no sólo de los pensadores más destacados, en el ámbito de la Ciencia y el magisterio de la Iglesia, sino aun de todos los hombres, condenados ahora a vivir en un mundo angustiado y en crisis.

Los juristas hispánicos nos hemos adherido a este gran movimiento mundial de la paz por el Derecho, conscientes de que la vía de las instituciones y las realizaciones jurídicas es la que puede y debe llevarnos a una anhelada paz mundial, en la que tengan verdadera vida y efectividad los derechos del ser humano. Pero no olvidemos nunca que el Derecho, por sí solo, no basta para regir el mundo. Como ha dicho VALLET DE GOYTISOLO, «el Derecho sólo ocupa una parcela de la vida social del hombre...; una parcela inmensa entre las del Amor y de la Fuerza o el Poder, y que, además, necesita de ellas para desarrollar su actuación» (1).

En todo caso, ¿cuál ha de ser la noción del Derecho y cuál la actitud del hombre para que sea obtenible el resultado que de la paz por el Derecho se espera? El Derecho que anhelamos no es un Derecho de formas lógicas y vacías y de estructuras (nacionales e interestatales) meramente contractuales, sino un Derecho de contenidos éticos, fundado en la naturaleza del hombre y en principios de justicia, de una justicia que

---

(1) **El bien común,** en **Revista de Estudios Políticos,** mayo-agosto de 1967, página 44.

proteja y presida la convivencia libre, aunque, claro es, armónica y ordenada, de todos los hombres y todos los pueblos. Y en cuanto a la perspectiva de la persona, sólo creemos aceptable la que nos la presenta en su integridad, tal como la perfila un humanismo armónicamente individual y social, favorable para el cabal desarrollo, material y espiritual a la vez, de aquélla.

No es satisfactoria la figura del **homo oeconomicus** que imagina al hombre como determinado exclusivamente por el móvil del bienestar, ni tampoco la concepción del **homo juridicus** basada en la falsa creencia de que el Derecho es suficiente, por sí mismo, sin la ayuda de los dictados de la moralidad, para regular la conducta humana. Es la moral la que, a través de la conciencia del hombre, muestra a éste la plenitud de sus deberes. Como nos dice el maestro DEL VECCHIO, «el Derecho no establece el uso que el hombre debe hacer de su libertad... Sólo la moral, que considera todos los fines de la vida subordinando los inferiores a los superiores, domina la existencia de la persona en su integridad y ayuda a resolver los problemas continuamente nuevos que plantea esta existencia... Es preciso que el sujeto encuentre en su conciencia una regla, que se instaure en su mismo espíritu y, partiendo así **ex interiore hominis,** le guíe en la solución de sus problemas y de sus dudas, indicándole siempre y en todo caso la vía del deber...» (1).

C. **La reforma de las estructuras jurídicas.**—Aun con todos los inconvenientes que el cambio de las estructuras jurídicas lleva consigo (al poner en peligro la necesaria estabilidad de un orden jurídico e incluso de una determinada civilización; en nuestro caso la occidental a que estamos adscritos), no cabe duda que puede ser necesario —y lo es acusadamente en la actual coyuntura— la modificación de las ya viejas instituciones políticas, económicas y sociales, para adap-

(1) DEL VECCHIO: **El «homo juridicus» y la insuficiencia del Derecho como regla de la vida,** trad. de Juan Marcos de la Fuente, en el vol. **Aspectos y problemas del Derecho,** ya cit., págs. 119-147.

tarlas a las circunstancias y a las exigencias de justicia de los nuevos tiempos.

Las estructuras estatales y sociales están hoy muy necesitadas de una acuciante, aunque prudente, revisión, con arreglo a un criterio de humanización integral. Hay que buscar fórmulas de armónica conciliación entre el principio de libertad y el de autoridad; entre las exigencias de un orden político estable y las de una adecuada participación y representación popular. Y ante las funestas consecuencias del dualismo Estado-individuo, hay que tender, en todas las organizaciones estatales y sociales, a sustituir, bajo la égida de una concepción plenamente humanística, la preponderancia del hombre-masa y de lo colectivo y gregario por el predominio de todo lo que responda al adecuado desarrollo de la personalidad humana dentro de una sociedad constituída orgánicamente, sobre la base de la articulación de las entidades o grupos (principalmente los naturales, dotados de fines propios y de una necesaria aunque relativa autonomía) que integren el conjunto comunitario de los hombres.

Desde luego la humanización que se propugna no es incompatible con la idea del Estado y de sus imprescindibles funciones; no se enfrenta con un régimen de moderada intervención estatal y de socialización, necesario en el actual estado evolutivo de las sociedades políticas. Ante la complejidad y dificultad de la vida contemporánea es poco lo que puede hacer el individuo aislado. Para que sus derechos y libertades, sobre todo en el campo económico-social, sean una realidad efectiva y se logre el adecuado y completo desarrollo de la personalidad humana, son necesarias la cooperación social y, cuando menos **subsidiariamente,** la acción tutelar y directiva del Estado. Lo que hay que combatir es la socialización excesiva, que anule al individuo y a los grupos sociales, ahogando sus iniciativas y sus responsabilidades y concentrando todos los resortes y todos los derechos en el Estado omnipotente.

En el plano económico-social, hay que dar paso a todos aquellos cambios profundos que puedan conducir a una más equitativa distribución de la riqueza y a la elevación del nivel del bienestar de las clases menos favorecidas. Pero nótese que estas finalidades de justicia social no están en contradicción con el principio de la propiedad privada, que se enlazan perfectamente con él. Esta forma de propiedad ha de ser conservada y mimada, porque es expresión genuina, complemento y garantía de la personalidad. Como ha dicho recientemente VALLET DE GOYTISOLO la existencia de la propiedad es una condición de la libertad, y en otro aspecto «resulta el freno más poderoso contra la concentración de poder en el Estado, contra su totalitarismo» (1). Ello no obsta, claro es, para que haya de darse al derecho de propiedad una regulación adecuada a la naturaleza —que hoy sin vacilaciones se le reconoce— de prerrogativa sujeta a múltiples limitaciones y que lleva consigo una función generadora de deberes sociales (2).

Como punto importantísimo y de máxima dificultad, dentro del tema de las nuevas estructuras jurídicas hoy en vías de alumbramiento y que aspiran a humanizar la vida del trabajo y de la profesión y, en general, el régimen de la economía, hemos de hacer especial alusión al problema de la reforma de la empresa. Hace años que este problema está planteado (3); pero todavía, por su complejidad, son muy inciertas las conclusiones a que se puede llegar en el terreno económico y, tanto o más, en el jurídico (4). Hoy está ya teóricamente muy generalizada la concepción orgánica o institucional de la empresa (seguida y avalada por la doctrina social católica) que ve en ella una comunidad organizada; y se dice —no sin razón— que urge la revisión de su estructura, sobre la base, principalmente, de la participación de los trabajadores —altos y bajos— en la propiedad, la gestión y el rendi-

(1) **Sociedad de masas y Derecho**, Madrid, Taurus, 1969, núm. 76, páginas 313 y sigs.

(2) V. nuestro estudio **La propiedad y sus problemas actuales**, separata de la **Revista General de Legislación y Jurisprudencia**, Madrid, Reus, 1962.

(3) Nos referimos a él en nuestro estudio **Humanismo y Derecho**, Madrid, Reus, 1962, págs. 108 a 115.

(4) V. el volumen **Problemática jurídica actual de la Empresa**, publicado por el Colegio de Abogados de Valencia (Valencia, 1965) con prólogo de Emilio ATTARD, en el que se contienen valiosos trabajos de BORRAJO, BROSETA, CANO, CARRETERO, DIEZ-PICAZO, FRAGUAS, PONS y RIOS.

miento de la empresa. «La vieja empresa capitalista —indica NAVARRO RUBIO— si no evoluciona no se salva» (1). No obstante, hay que tener presente la complejidad del problema de la empresa y de la vida económica en general. Como el propio escritor reconoce, «los problemas que gravitan sobre la empresa vienen, muchos de ellos, desde fuera y no se pueden resolver, por consiguiente, reformando exclusivamente su organización» (2).

Sobre todo se ha hecho notar que quienes dan pautas para la reforma de la empresa contemplan, especialmente, a la gran empresa y se sugestionan con ella. Hay varias clases de empresas, muy distintas unas de otras, para la mayoría de las cuales no pueden servir los criterios de reforma que hoy suelen proponerse (3). Por ello, otro reciente publicista advierte que los afanes de reformar la actual estructura de la empresa capitalista, tan vigente en toda Europa, «deben dirigirse a crear una legalidad necesaria frente a la gran empresa que por su volumen financiero exige imperativamente una base capitalista, refiriendo para el Derecho dispositivo —dentro de líneas generales y elementales— la revisión comunitaria de la pequeña empresa, de las empresas especiales o de la empresa agrícola» (4).

D. **La gradual organización e integración mundial.**—Hemos puesto de relieve anteriormente los defectos que acompañan a la actual Organización de las Naciones Unidas. Es un hecho incontestable que no dispone ésta todavía de medios idóneos para garantizar eficazmente la paz. Pero no hay que

(1) **El empresarismo**, discurso de recepción en la Real Academia de Ciencias Morales y Políticas, Madrid, 1969, pág. 27.

(2) Ibidem, pág. 56.

(3) V., en este sentido, Luis OLARIAGA, en su contestación al citado discurso de recepción de Mariano NAVARRO RUBIO, especialmente pág. 71. Cfr. sobre la reforma de la empresa y la necesidad de huir, ante ella, de una generalización abusiva, VALLET, **Sociedad de masas y Derecho**, cit., núm. 95, páginas 380 y sigs.

(4) Juan Manuel FANJUL SEDEÑO: **La reforma de la empresa capitalista**, separata de la **Revista General de Legislación y Jurisprudencia**, Madrid, Reus, 1967, pág. 4.

pensar, hoy por hoy, en la posibilidad de una próxima reforma de dicha Organización, o, lo que es igual, en su sustitución por una nueva y progresiva estructura que pudiera realizar el ideal —por tantos pensadores de todas las épocas soñado— de la integración política del mundo.

No hay que renunciar al desiderátum de la unificación cosmopolítica de todo el género humano. Mas, como muy bien señala DEL VECCHIO, esto supone una aspiración y un programa máximo, que en la realidad sólo es actuable por grados. Por el momento, para la finalidad de garantizar la paz, resultan más válidas y eficaces «aquellas otras organizaciones que, aun comprendiendo un número menor de Estados, los coaligan efectivamente para una común defensa. Si no es todavía posible la constitución unitaria europea, ideal que podrá algún día —hay que esperarlo confiadamente— realizarse, debe entretanto estrecharse y mantenerse la unión entre aquellos Estados europeos y extraeuropeos que admiten los mismos principios fundamentales de justicia y de libertad y en conformidad con ellos quieren realmente vivir y cooperar» (1).

E. **Hacia una nueva sociedad por la rehabilitación del hombre.**—El momento actual es, indudablemente, de crisis angustiosa en muchos aspectos de la vida, sobre todo en el que afecta a la conducta de los hombres en las relaciones de convivencia social, política e internacional. Debemos, pues, trabajar para que esa crisis del mundo, fundamentalmente moral, sea superada.

Pues bien; para crear una nueva sociedad, en la que ya no impere la ciega violencia y resplandezca la libertad, la paz y la justicia, hay que empezar por estimular las fuerzas espirituales del hombre: su buen sentido y juicio, su conciencia moral y de responsabilidad, sus sentimientos de amor al prójimo y solidaridad social. Hará falta, claro es, arrinconar las viejas e inservibles ideologías y mejorar y poner al día las instituciones sociales y jurídicas, en cuanto sea posible, sin

(1) DEL VECCHIO: **Por la paz del mundo**, en el vol. **Nuova silloge di temi giuridici e filosofici**, cit., pág. 67.

destruirlas, porque es ley de vida la evolución, siempre preferible a la revolución. Pero lo más esencial es la regeneración de los hombres. No otro es el sentido del más actual pensamiento social pontificio, que da más importancia que a la reforma de las estructuras, a la reforma del propio hombre, que sea capacitado para la mejora de aquéllas. Como ha dicho, con afortunada síntesis, Pablo VI, en su Carta Encíclica sobre el Progreso de los Pueblos, la tarea actual ha de consistir en promover un **humanismo pleno**; no «un humanismo cerrado, impenetrable a los valores del espíritu y a Dios», sino aquel que se traduce en «el desarrollo integral de todo el hombre y de todos los hombres», ya que «el desarrollo integral del hombre no puede darse sin el desarrollo solidario de la Humanidad» (1).

El problema de hoy, dentro de este cuadro de difíciles realizaciones, es el de ayudar a los hombres a preservar sus personalidades del riesgo de deshumanización a que parecen conducirles los inauditos triunfos de la tecnología. Y como no podemos ya renunciar a los beneficios que la técnica lleva consigo, nuestro cometido actual, desenvolviéndose en el plano humanístico, ha de consistir en reforzar y rehabilitar a los hombres.

La meta que debemos ambicionar y perseguir ha de ser, pues, la de una adecuada **formación humana**, en todos los niveles educativos (familiares, sociales, profesionales, ampliamente culturales y también religiosos) debidamente coordinados. Por esta vía de educación y reeducación, de continua promoción educativa, se podrá acometer la solución del problema de los derechos humanos, en relación —esto es importante y capital— con el total problema del hombre, en su naturaleza de siempre y en su esencia ética, pero sin olvidar, a la vez, las exigencias y aspiraciones sociales de nuestro momento histórico.

F. **Revalorización del papel de la familia en la formación de la personalidad.**—El porvenir del mundo depende, sobre

(1) **Populorum progressio, 42 y 43.**

todo, de la formación educativa de las jóvenes generaciones. Más que el Estado, es la sociedad la que tiene a su cargo esta función y la responsabilidad consiguiente. Aunque en la obra de reeducación de los hombres hayan de intervenir muchos factores y sean necesarias muchas colaboraciones, es de destacar el cometido primordialísimo que con relación a ella corresponde a la familia. Como ha dicho el profesor MESSNER, «una sociedad se aparta tanto más de la plena realización del bien común, cuanto mayor es la pérdida de validez de los valores familiares y mayor el fracaso del orden en la vida de la familia como depósito de aquellos valores» (1).

Hay hoy que moralizar las costumbres y restaurar los buenos sentimientos de las gentes. Y esta empresa depende, más que de las leyes, de la familia, si ésta conserva en esencia sus virtudes tradicionales y valores permanentes; sin que ello quiera decir que la conceptuemos al margen de los inevitables cambios sociales, ni que aboguemos por un imposible retorno a su organización patriarcal.

Ciertamente, y por suerte, las más modernas Constituciones políticas, así como también las Declaraciones de derechos humanos en el ámbito mundial, incluyen ya, entre los derechos sociales, los que afectan a la protección de la familia; pero no basta con salvaguardar la familia en sus implicaciones económico-sociales; es imprescindible también defender su régimen interno y la continuidad y estabilidad de la misma, como organismo natural con fines propios, puesto en peligro por muchas de esas mismas normas sociales y por otras de Derecho privado poco favorables para la unidad y la permanencia del grupo familiar. Como han dicho dos doctas comparatistas, francesa una y mejicana otra, Antoinette Monique LIONS y Elsa BIELER, «la legislación social actual, aunque justa y deseable, hace peligrar la estabilidad familiar y, por ende, la dignidad del individuo... Proteger la estabilidad de la familia de los fenómenos y fuerzas disociadores que tienden a debilitar esta institución, significa asegurar la dignidad del individuo,

(1) **Etica social cit., pág. 208.**

proporcionándole el medio natural para su desarrollo físico, moral y social» (1).

Cuando menos, hay que aspirar, dentro del Derecho de familia, a conseguir el mayor equilibrio posible entre los derechos propiamente individuales, basados en la idea de igualdad y en el principio fundamental del respeto debido a la dignidad humana, y los derechos de la familia como grupo social, célula básica de la sociedad y del Estado, que tiene a su cargo funciones tan importantes y necesarias para el desenvolvimiento de la propia personalidad individual de los seres que viven en ella y han de obtener dentro de la misma su pleno desarrollo.

4. Posible aportación de España a la empresa mundial de reafirmación de los derechos y deberes humanos

Es obligada, y puede ser eficiente, la aportación de España a la tarea mundial de reafirmación de los derechos unida a la de los deberes humanos. El valor de la persona y la igualdad posible entre los hombres fueron reconocidos por nuestros pensadores: La teoría del Estado de Derecho o de la autolimitación del poder está claramente expuesta en VITORIA, primero, y en SUAREZ después (2). La fraternidad y el respeto mutuo entre todos los pueblos de la tierra fueron proclamados también por el propio VITORIA y la escuela por él fundada, que afirmó, por primera vez, la existencia de una comunidad o sociedad de Estados a la que va unida, como consecuencia necesaria, la existencia de un auténtico Derecho —el Derecho

---

(1) **El principio de la dignidad del individuo y la necesidad de la estabilidad familiar**, en el libro **Problèmes contemporaines de Droit comparé**, publ. por el Institut Japonais de Droit Comparé, Université Chuo, Tokio, 1962, t. I, págs. 255 y sigs.

(2) En este sentido, GOICOECHEA: **La idea democrática y la evolución hacia el Estado de Derecho** (Discurso inaugural del Curso en la Academia Nacional de Jurisprudencia y Legislación, (Madrid, 1932, páginas 90 y sigs.).

de gentes o Derecho internacional— que todos los pueblos deben mutuamente observar (1).

Así, uno de los más altos timbres de gloria de la historia de España fue no sólo el descubrimiento y colonización de América, sino el esfuerzo que desarrolló en pro de la libertad y los derechos humanos en el Nuevo Mundo. Un expositor inglés ha puesto de relieve que «la conquista española en América fue mucho más que una extraña hazaña militar y política; fue también uno de los mayores intentos que ha presenciado el mundo para que prevalezcan los preceptos cristianos en las relaciones entre las gentes... Otras naciones enviaron osados exploradores y establecieron imperios; pero ningún otro pueblo europeo, antes o después de la conquista de América, se lanzó a una lucha por la Justicia como la que se desarrolló entre los españoles poco después del descubrimiento de América y continuó a través del siglo XVI...» (2).

Y no hay que reducir las glorias hispánicas a nuestros siglos dorados, a aquella época de signo español en que España figuraba tan en primera línea en las empresas políticas de Europa y en sus grandes tareas teológicas y culturales. Ha sido casi constante la vocación europea y universalista de España, ligada siempre a sus convicciones religiosas y a un profundo sentimiento ético-jurídico, vinculado a la idea clásica del Derecho natural. Desde tiempos muy antiguos tenía la concepción jurídica española, en primer lugar, como garantía moral de los derechos individuales y contra las arbitrariedades y excesos del Poder público, el principio de la vigencia de un Derecho natural que había de prevalecer sobre las normas positivas, incluso las que procedieran de la autoridad real. Así, la Ley 31, tít. XVIII de la Partida 3.ª, decía que «contra derecho natural non deue dar preuillejo, nin carta, Emperador, nin Rey, ni otro Señor, e si la diere, **non deu valer**». En un

(1) Puede verse un resumen de la bibliografía, copiosísima, con que cuenta el tema de la fundación del Derecho internacional por los teólogos-juristas españoles, en nuestro libro **La vocación jurídica del pueblo español**, Madrid, Reus, 1948, págs. 50 y 51, en nota.

(2) Lewis HANKE: **La lucha española por la Justicia en la conquista de América**, trad. de Luis RODRIGUEZ ARANDA, Madrid, Aguilar, 1967.

plano menos abstracto, existieron interesantes instituciones, ya referidas antes (al hablar de las antiguas Declaraciones de derechos y de sus garantías jurisdiccionales), en que se plasmaba la defensa práctica y jurisdiccional de los mismos.

En la hora presente, en que nuestro desarrollo económico y técnico está iniciado y en vías de realización, no podemos presentar a Europa y al mundo grandes aportaciones de tipo material, Pero, en cambio, podemos ofrecerle mucho en el orden de los valores espirituales. Estos valores de orden moral —sin duda los más importantes para la Humanidad— se transmiten a los individuos por medio de las tradiciones sociales, a través de los entes comunitarios y, sobre todo, de la familia. Pues bien: en nuestra patria, todavía los valores familiares tienen vivencia, aunque puedan estar afectados y un tanto debilitados por el impacto de cambios sociales bastante profundos. Todavía la familia española puede ser, como siempre y cada vez más, ejemplo para los demás pueblos.

Por otra parte, España parece dispuesta a hacer suyo el ideal de integración universalista, que es exigencia, más o menos próxima, de la vida actual. Daría, pues, su adhesión, gustosamente, a una Unión Europea siempre que se respetasen en ella las costumbres, tradiciones e intereses de todo orden, materiales y espirituales, que constituyen la esencia peculiar de cada uno de los países y, por ende, del nuestro, que por sus circunstancias geográficas e históricas tiene personalidad y matices tan propios.

Por el momento, alejada España de las tensiones y luchas internacionales, y constantemente inclinada a cooperar en toda obra de paz, de cultura y de justicia, ha de asociarse con entusiasmo a la defensa de los derechos del hombre. Apto, tal vez, el genio español para la realización de las grandes síntesis —el individualismo y el universalismo, el realismo y el idealismo— hemos de hacer votos por que pueda ahora ofrecer al mundo el ejemplo de un desarrollo material, social y económico (necesario hoy no sólo para procurar el bienestar colectivo, sino también para promover y establecer la justicia social), presidido —ello es fundamental— por un sentido plenamente humano de la vida, por esa primacía de los valores del espíritu sobre los meramente materiales y utilitarios que constituye el fundamento y el esencial legado de la civilización occidental y cristiana.

INDICE ALFABETICO DE NOMBRES

(Los números hacen referencia a las páginas)

INDICE SISTEMATICO

Páginas

Páginas

7,50 €

Páginas

D48